le gaucher
boiteux

Préparation de copie : Valérie Gautheron
Relecture : Valérie Poge
Mise en page : Marina Smid

ISBN : 978-2-7465-0695-4

Éditions Le Pommier – 8, rue Férou – 75006 Paris
www.editions-lepommier.fr

le gaucher boiteux

michel serres

de l'académie française

[**ESSAIS** LE POMMIER !]

« L'éclair gouverne l'Univers. »
Héraclite

« Le temps est un enfant qui s'amuse
en jouant au trictrac. À l'enfant la royauté. »
Héraclite

Penser veut dire inventer. Tout le reste – citations, notes en bas de pages, index, références, copié-collé, bibliographie des sources, commentaires… – peut passer pour préparation, mais chute vite en répétition, plagiat et servitude. Imiter, d'abord, pour se former, rien là de déshonorant, il faut bien apprendre. Mieux vaut oublier ensuite cette férule, ce format pour, allégé, innover.

Penser trouve. Un penseur est un trouvère, un troubadour. Imiter répète, dont le réflexe revient. Découvrir n'arrive pas souvent. La pensée, la rareté.

Temps

LES CHOSES DU MONDE

À mesure qu'il s'éloigne du big bang, le Grand Récit de l'Univers relate, tout justement, l'apparition de phénomènes nouveaux, rares, imprévisibles, telles, au début, les interactions et la masse ; le monde lui-même commence comme un événement d'une incalculable rareté. Par après, il ne cesse d'exploser de contingences inventives. Y émergent des corps dont le poids s'alourdit et la figure se complique. Dans les débuts apparaissent l'hydrogène, l'hélium, le carbone, l'azote et l'oxygène, aux propriétés diverses et parmi lesquels se trouveront, plus tard, les principes de la vie. Surabondent ces éléments innovants. Dans la fournaise des galaxies et de mille nuages disparates et brûlants naissent le fer, le manganèse, l'aluminium... Se déploie peu à peu la série des éléments. Suivant ce Récit – et selon le tableau de Mendeleïev pourtant périodique –, on ne peut pas déduire d'une loi simple les propriétés successives des corps émergents ni la figure qu'y prennent, pour chacun, la disposition et le mouvement, souvent stochastique, des particules. Chacun fait nouveauté, jaillit en dessinant un schéma corpusculaire inédit, oui, bifurque brusquement. Par véritables coups de théâtre, le Grand Récit raconte ces phénomènes contingents, apparitions d'éléments, productions de figures : inventions.

Plus tard, par alliance de ces corps simples, des millions de combinaisons feront apparaître nombre de molécules différentes, dont les formules figureront une topologie exquise et fortement différenciée : ADN-double hélice ou fullerène-ballon rond. Émergentes, leurs propriétés ne sont pas, elles non plus, prévisibles.

Le Grand Récit ne cesse donc de relater ces nouveautés, ces contingences inattendues, ces bifurcations inédites, issues dans et de l'Univers : masses, interactions, corps simples, molécules, galaxies, étoiles, planètes... Encore un coup, il explose d'inventions.

Qu'en est-il, alors et pour nous, de penser ? Penser exige de vivre et de suivre ces apparitions, ces phénomènes, ces figures, de plonger hardiment dans le mouvement qui les suscite. En tant que nouveautés, ces corps simples, ces objets célestes, ces molécules à conformations délicieusement pliées, apparaissent comme des synthèses. Pensons-nous ainsi ?

Autre image, plus ancienne : usuel depuis Kant, l'exemple de la Terre, du Soleil et de leur mouvement réciproque, ptolémaïque ou copernicien, qu'importe, évoque désormais des phénomènes trop stables pour leur site, trop répétitifs dans les rotations ou trop récents dans l'âge des astres, j'hésite à dire trop froids, pour figurer de manière précise la connaissance et la pensée, qui ne sont, justement, qu'émergences rares et jaillissantes comme des flammes. Et que dire, dans ce cas, du narcissisme dont la vantardise exhibe le sujet humain à la place du Soleil ? Paranoïaque, ce Moi-Soleil ! Et que dire, en réciproque, du mépris qui jette tout objet du monde au site et dans la fonction d'une planète, d'un satellite, moins ou plus refroidis ? Non. Substituons à cette image, stable, glacée, d'un orgueil enfantin, la formidable inventivité de l'Univers en expansion.

Je pense, donc je le mime ? Non, je plonge plutôt en son Récit, dont le dynamisme puissant me montre, pas à pas, comment inventer.

Partons donc des choses du monde ; que voici.

Quatre règles universelles

Bactérie, champignon, baleine, séquoia : nous ne connaissons pas de vivant dont nous puissions dire qu'il n'émet pas d'information, n'en reçoit, n'en stocke ni ne la traite. Quatre règles si universelles que nous serions tentés de leur demander la définition de la vie. Impossible pourtant par les contre-exemples suivants. Cristal, en effet, rocher, mer, planète, étoile, galaxie : nous ne connaissons pas non plus de chose inerte, dont nous puissions dire qu'elle n'émet pas d'information, n'en reçoit, n'en stocke ni ne la traite. Quatre règles universelles si uniformes que nous serions tentés de leur demander la définition de toute chose du monde. Impossible pourtant par les contre-exemples suivants. Individu, en effet, famille, ferme, village, métropole, nation : nous ne connaissons pas d'humain, seul ou en groupe, dont nous puissions dire qu'il n'émet pas d'information, n'en reçoit, n'en stocke ni ne la traite.

Ce livre veut et va décrire les figures de pensée. Pour ce faire, il traverse d'abord le Grand Récit des choses, des vifs et des hommes, puis les quatre règles de l'information, elle-même définie, à son tour, par la rareté, règles qui en soutiennent le projet ou justifient aussi ses développements. Ainsi ne sommes-nous pas, nous autres humains, si exceptionnels. L'information circule *dans* et *entre* la totalité des existants, universellement.

Et maintenant, qu'est-ce que penser, sinon, au minimum, effectuer ces quatre opérations : recevoir, émettre, stocker, traiter de l'information ? Comme tous les existants ? Sans doute ne savons-nous pas vraiment que nous pensons comme le monde parce que nous vivons séparés de lui – en apparence, sans doute – par une épaisseur temporelle colossale, des milliards ou des millions d'années. Sans doute ne savons-nous pas vraiment que nous pensons comme les vifs parce que nous vivons séparés d'eux par une épaisseur temporelle colossale, des millions ou des milliers d'années.

Si penser signifie inventer, qu'est-ce à dire dès lors ? Émettre des informations de plus en plus rares, de plus en plus contrôlées à l'émission, de plus en plus indépendantes de la réception, du stockage et du traitement, de plus en plus en écart à leur équilibre, contingentes, ramifiées, gauches, boiteuses. Et, de nouveau, plonger dans les bifurcations, les ramifications du Grand Récit ou de l'évolution.

« L'éclair gouverne l'Univers » : l'éclat d'Héraclite illumine le safran du gouvernail dont l'inclinaison indique les directions successives où s'engage temps par temps le Grand Récit. Comme la foudre bifurque, saturée d'information inventive, ramifiée, la pensée incline.

Information, nouveauté

Commune à tout ce qui a la chance d'exister, cette information n'a rien de commun avec ce que nous appelons de ce nom, avec quoi les canaux des médias nous droguent tous les jours ; celle-ci se réduit souvent à des répétitions mornes jusqu'à la nausée – annonces de cadavres, catastrophes de pouvoir et de morts, mensonges avérés puisque guerres et violences occupent aujourd'hui le dernier rang dans les causes de mortalité mondiale. Proportionnelle, au contraire, à la rareté, Léon Brillouin définit l'information dont je parle comme l'inverse de l'entropie, cette caractéristique des énergies hautes. Il dit même : néguentropie.

Au moment même où s'achève la révolution industrielle fondée sur la science thermodynamique, l'âge doux la relaie par un concept issu de la même science, mais contredisant l'entropie. Autant celle-ci, en effet, règne sur le dur, autant l'information équivaut à ce que je traduis par *doux*. Par *âge doux*, j'entends un temps où enfin l'on comprend que les quatre règles que je viens d'énoncer régissent, et cela depuis toujours, et sans doute pour toujours, tout ce qui, contingent, a la chance rare d'exister. Cette information circule dans le monde des choses et parmi les vivants aussi bien qu'entre nous et, faisant le fond de la pensée, justifie les lignes qui précèdent où la pensée tente d'épouser les nouveautés de l'Univers et de l'évolution ou de s'y adapter.

L'information au sens de tous les jours contredit donc plusieurs fois celle que je viens d'évoquer : la répétition s'y oppose à la rareté, comme l'identique au nouveau et la mort à la vie. Au sens de la théorie de l'information, celle des médias apporte donc le plus souvent une information nulle. Inversement, penser veut dire inventer : mettre donc la main sur de la rareté, découvrir le secret de ce qui a la chance immense et rare, contingente, d'exister ou de naître demain – *natura*, la nature, désigne ce qui *va* naître. Un tel secret – le moteur du Grand Récit ? – permet de comprendre qu'inventer ou découvrir demandent un même effort pour un semblable résultat, puisque tout ce qui existe, contingent, comporte, pour émerger, une quantité donnée de rareté, c'est-à-dire de nouveauté.

Vivants, idoles, idées

Reprenons le Grand Récit au fil du temps. Dès le commencement des vivants, plus de dix milliards d'années plus tard, rien ne laissait supposer que telle molécule se dupliquerait. Ensuite et au cours de l'évolution, quand apparaît une nouvelle espèce, elle émerge des hasards de la mutation et des contraintes du milieu. La mutation suppose une autre lecture d'un message – une faute? –, comme si le lecteur, gauche, ou le transcripteur, boiteux, avait louché. Ensuite, la sélection élimine le mutant ou en accueille avec faveur la monstrueuse promesse: les deux opérations traitent des bifurcations inattendues. Nous comprenons assez bien comment et pourquoi émerge telle nouvelle espèce, mais ne saurions prévoir le temps ni la forme de son apparition, aussi peu que celle des corps simples et des molécules de tantôt. Contingente et nouvelle, monstre prometteur et donc saturé d'information, cette réponse à l'environnement qui va bientôt, à son tour, en créer une autre par sa présence et ses actes, cet organisme imprévu, dis-je, synthétise à lui seul l'ensemble des réponses partielles – et leurs liaisons – requises par sa survie. Non qu'il soit inanalysable, mais quelle analyse aurait pu prédire son avènement, son advenue, ses propriétés, performances et capacités? Telle espèce nage, l'autre rampe, la nouvelle vole.

Autrement dit, la vie évolutive opère par émergences, par synthèses inattendues. Comme le Grand Récit, elle explose d'inventions. Elle produit des figures. Cette dernière phrase fait presque tautologie, puisque, pour l'étymologie et la langue, le terme *figure* exprime justement la fabrication, la production à venir. Comme le cosmos avec son expansion, l'évolution peut passer pour une fabrique de nouveautés. Ainsi, comme lui, nous instruit-elle, je vais dire comment.

Figures de flore et de faune

Figure synthétique réussie de l'adaptation au milieu, chaque espèce, chaque bête nous enseigne sa spécialité : l'écureuil et le chimpanzé escaladent les arbres mieux que les meilleurs des varappeurs ; plongeur exceptionnel, le castor taille le bois d'arbre comme un charpentier hors pair ; chenille et tarentule tissent plus fin et plus solide que dix tapissiers ; chantons les exploits du ver à soie ; le chêne résiste au froid et le roseau plie sous le vent... Synthèse à elle seule, chaque espèce, chaque plante ou bête devient une maîtresse dans un monde saturé de connaisseurs parmi une sorte d'université, peut devenir même une divinité dans un Panthéon d'excellence. Il suffit de suivre le geste des *Métamorphoses* pour apprendre, grâce à elles, à chasser, habiter, s'adapter, survivre, penser... car chaque espèce, chaque bête, chaque plante peut alors devenir une idole et, nous allons le voir, une idée.

Parmi ces espèces vives, certaines, en effet, nous permettent même de saisir le monde et de nous comprendre nous-mêmes. Solitaire, souvent indépendant des meutes comme celles où les loups, complaisants, s'élèvent et se gouvernent, l'ours erre, observe, semble se retirer pour méditer ; omnivore, il mange du miel et des insectes, des fruits, du poisson, de la viande. Attentif, admiratif, le chasseur-cueilleur l'observe et, omnivore comme lui, imite sa conduite, méditant à sa manière et retiré sur soi. Aussi a-t-il référé son monde aux deux pôles Arctique et Antarctique et aux constellations de l'Ourse. Pourquoi, de même, référons-nous le pouvoir au Louvre et l'éducation aux lycées ? Parce que, depuis des millénaires, nous imitons le loup dans ses pratiques de politique et de pédagogie. La meute enseigne l'État et l'école. Après Tite-Live et le *Panchatantra*, qui eux-mêmes succédaient à des traditions non écrites, La Fontaine et Kipling continuent encore de le raconter.

Transformations

Il suffit de suivre, en effet, le geste simple, vital, cosmique des *Métamorphoses*, bréviaire céleste, mondial, bestial, floral, universel et authentique d'ontologie et de gnoséologie, pour entendre comment nous apprîmes à penser. Par la perfection de leur adaptation, les espèces vives et les choses mêmes commencèrent notre élevage et perfectionnèrent notre éducation ; les imiter exige que nous nous transformions en chacune.

Ainsi ai-je nagé en un âge de goujon parmi des tourbillons où, de plus, je devenais rivière ; j'ai grimpé aux chênes comme un écureuil ; à la voile, je devins cormoran et, le long des parois de montagne, araignée ; je percevais, réagissais, courais comme un renard, enthousiaste et rapide ; vieillissant, immobile longuement, je médite comme un hêtre, balancé en faux rythme par les turbulences du vent, chevelu puis chauve selon les saisons, enchanté de rossignols et de pinsons. Communs à tous, ces vents et ces voix portent-ils les informations qui permettent l'invention, en fluctuantes variations, de mille figures nouvelles : éléments, constellations, plantes, bêtes, nymphes, dieux, idoles, et leurs douces sœurs jumelles, les idées ? Transformations ou, mieux, ramifications ?

Les fétiches

Quasi humaines, les figures d'un certain Panthéon enseignent alors, à leur tour, à penser. Fondus-enchaînés de la transformation, mille fétiches, égyptiens ou autres, mi-animaux, mi-humains, assurent la transition. Il nous devient alors plus aisé, à nous, femmes ou mâles, de nous changer en Artémis qu'en ourse, en Héraclès qu'en lion, en Io qu'en génisse, en Prométhée qu'en vautour, en saint Jean qu'en aigle ou en saint Matthieu qu'en bœuf. Inoubliables, les bêtes et les plantes des *Fables* revêtent la même double nature fétiche.

Seul le grand prêtre pouvait, certains jours, pénétrer dans le Saint des saints, au temple de Jérusalem. L'Arche d'alliance trônait là, entourée, comme gardée par deux chérubins. Le nom de ces anges, non hébreu, évoque les moments douloureux de l'Exode aux pays assyro-babyloniens. Là, on accédait aux ziggourats par des marches gardées, à leur tour, par deux *kéroubs* – où l'on peut lire le premier nom des chérubins –, fétiches sculptés au corps de lion, aux ailes d'aigle et à la tête de vieillard à longue barbe. Leçon: si tu veux devenir sage et savant comme ce chef final, si tu cherches à penser, pars d'abord du sol jeté dessous les quatre pieds de cette bête quadrupède et prends le vol aérien de ce volatile fluide. Autrement dit, en langue récente: plonge dans l'élan vital de l'évolution dont le dynamisme puissant inventa, tour à tour, ces espèces animales, jusqu'à l'homme. Ainsi grimperas-tu au haut de la ziggourat.

La même sculpture arrêtée d'un fondu-enchaîné fétichiste, la même intuition, le même rameau bifurquant, le même parcours temporel de la connaissance et de l'invention se retrouvent chez les Aztèques. Sur la place centrale de Mexico gisent les ruines de la pyramide où, voici à peine quatre cents ans, se lisait, marche à marche, la gradation des temps vers la venue à venir de Quetzalcóatl, serpent à plumes à visage de vieillard. Ces Précolombiens savaient-ils donc, avant Darwin, que les oiseaux sortent des reptiles et que *Sapiens* se vante d'achever, temporairement au moins, cette évolution ? Avaient-ils juché leur découverte au sommet, comme il sied, d'une échelle de métamorphoses ? Comprenons-nous cette horloge dressée, ce compte-temps des vivants, cette fulguration temporelle d'invention et de pensée ? Ainsi monteras-tu au haut de la pyramide.

Au total, ces fétiches sont des synthèses, des ramifications, des chimères à double nature qui assemblent en un corps disparate, mais surtout en un unique jaillissement temporel, en un récit bref avec bifurcation, ce qui paraissait impossible de penser ensemble. Par ces fétiches interposés, nous passâmes ainsi des espèces vivantes, qui, en tout, savent tout faire, à des dieux, olympiens ou autres, puissants et immortels. Par un dernier changement infime, traduit presque par le même mot, Platon et les philosophes métamorphosèrent, plus tard, ces idoles, dures de marbre ou de bronze, en idées, douces d'abstraction.

Je pense donc je suis, en forme de rameau, ces deux vieillards, aztèque et assyrien, à corps de bêtes pré-angéliques dont les pieds s'appuient sur le sol jeté dessous… sur le sol, dur certes, mais, déjà, la tête dans le doux…

Imiter ou se changer ?

Au cours de ces métamorphoses – et même pendant l'émergence des corps bruts, apparus auparavant –, la pensée va s'éveiller. Moins en imitant la conduite extérieure d'un modèle : tenter de nager aussi souplement que le castor, méditer comme l'ours, enseigner avec autant de finesse qu'un loup, vouloir voler comme l'aigle, briller comme une étoile..., qu'en plongeant dans le Grand Récit, dans le dynamisme universel et vital, dont le double élan, énergique et vivace, fait apparaître, comme un fleuve apporte et dispose ses grèves de graves, ces figures nouvelles, choses ou corps, hélium ou planète, fait émerger ces espèces imprévues, loups et castors, qui nagent à l'aise ou éduquent attentivement. L'essentiel est moins la natation que le bièvre ou le beauvoir soi-même ; mieux, l'apparition, la spéciation, le phénomène du castor ; mieux encore, l'élan qui le fait, bifurquant, apparaître à la lumière, le jaillissement qui le fait s'extraire des eaux, l'information qui lance du contingent. La fine pédagogie de la meute importe, certes, mais moins que le loup lui-même à l'état naissant, l'individu-loup, le spécimen de son espèce, sa figure, sa manière d'apparaître, son processus de production, la puissance rare, le potentiel qui gît, comme un torrent et ses rapides, en dessous des espèces et les promeut.

D'où viennent-elles, comment et pourquoi ces figures apparaissent-elles dans ce flux en émergeant de lui, voilà le travail énorme du monde et de son Grand Récit, voici mon travail, celui de mon existence et de ma pensée ; voici la patience du temps dans sa poussée, voilà ma patience de penser ; voici le fleuve artiste de l'Univers et de la vie, voilà mon art de penser ; je roule dans la métamorphose des formes, j'en prends le geste informationnel pour inventer des figures, des espèces, bientôt des personnages, individus et spécimens, enfin des idées.

Imiter des résultats, des performances de finesse ou de génie garde son utilité ; ainsi progressons-nous, ainsi agissons-nous comme d'efficaces bêtes mimétiques, ainsi faisons-nous fonctionner nos neurones miroirs, ainsi apprenons-nous... Mais, en fin de formation et devenus adultes, nous n'inventons qu'à plonger dans le courant de fond qui promeut et sculpte la figure synthétique dont ces performances ne sont que des bénéfices marginaux ; nous n'inventons qu'à nous immerger dans le flux mondial et vital d'où émergent, ramifiées, les nouveautés ; qu'à nager, qu'à plonger dans le fond de Garonne, ventre sur le tuf, pour deviner, en apnée, d'où se tordent ses tourbillons, pourquoi ses aloses s'alignent en bancs, comment rampent lamproies et anguilles, pour comprendre quelle puissance formidable pousse son courant flambant, quel pouvoir global produit les corps, les espèces, les dieux du Panthéon, quel élan transforme et adoucira, peu à peu, les idoles ou personnes en idées. Penser consiste à entrer dans ce potentiel cosmique et ce flux vivant, à suivre cette durée milliardaire, habiter en elle, agir avec elle, prendre son geste de créer.

Qui est ou qu'est le sujet de la pensée ? *Sub-jectum*, ce qui est jeté dessous, jeté sous moi, jeté sous toutes choses : le sol, la terre sous les pieds du quadrupède, la poussière sous le ventre du serpent, le tuf du lit sous le ventre du plongeur..., sous les conduites du corps, sous l'Univers et son Grand Récit, sous l'évolution de la vie, flux dynamiques producteurs de figures. Pour penser, il me suffit, sujet, de me jeter dessous.

L'*ego* de ce *cogito*

Je n'appris jamais à nager, mais, enfant, je vivais de et dans la rivière, ses courants, ses crues et barrages ; lourd, devenu caillou, mon corps savait comment apparaissent les graviers ; turbulent, comment se forment les tourbillons ; léger, vif et frissonnant, comment naissent et s'agitent carpes et goujons ; et comment, des eaux, se lèvent en rêve les sirènes anadyomènes, aux seins de lamantin et à la queue de poisson. Garonne ne fut pas pour moi une rivière, mais une personne, garce redoutable, maîtresse adorée, compagne inévitable, mère, fille, sœur, amie. Fétiche ramifié à double valeur, construite par ma nage, mais aussi donnée : par qui, d'où s'écoule ce courant sans fin… ? Enfant, échine cassée, dos courbé, j'ai aussi mis bras et mains dans le sillon noir et poisseux pour en déterrer des racines et en détacher des grappes – données, certes, mais, au prix de quelle sueur, créées ?

Comment ces nouveautés vitales se transforment-elles en fétiches animés, comment ces idoles, comment ces personnes vont-elles, à leur tour, s'adoucir soudain en idées ? En quoi, en qui, par quel courant me métamorphoserai-je pour mimer ce changement ?

Quand je pense, je deviens ce que je pense.

Penser en se construisant

Les psychologues de toutes écoles décrivent la construction de l'identité personnelle au moyen des relations parentales. Certes. La vie exclusive parmi les villes stériles et des connaissances limitées aux sciences humaines et sociales les entraînèrent sans doute vers cette étrange, cette ladre restriction. Garonne, ses tourbillons, ses crues et ses aloses, ses graves et peupliers, m'ont construit au moins autant que ma mère le fit ; les alouettes, les haies, la moisson et les pruniers tout autant que mon père, agriculteur et marinier ; l'extatique bonheur que me donnèrent, plus tard, la haute mer, la haute montagne, le désert horizontal, fragments de planète sans hommes, contribua d'autant à mon développement que j'apprenais, en même temps, les sciences, que je comprenais parmi qui, depuis quand je vivais ou quel flux du monde m'avait mis au monde.

La construction de l'identité ne procède pas seulement de l'entourage humain mais aussi, peut-être surtout, des roches, des eaux, plantes et bêtes comprises. L'existence urbaine, bréhaigne, exclusivement humaine et politique, handicape à tel point que l'immense majorité de nos contemporains rapetisse de manière infantile et que cette régression à la clôture familiale passe tellement pour normale qu'on n'hésite point à la resserrer plus encore au couple nucléaire. Mieux, beaucoup de savants que j'admire travaillent, le plus honnêtement du monde, pour démontrer, en s'aidant de travaux précisément documentés sur quelques cousins primates, une continuité avec l'humain que n'importe quel paysan, moi compris, vit et connaît par une journalière et millénaire pratique où se scelle en temps réel, entre lui et ses bêtes, je l'ai dit souvent, une domestication réciproque. Comme moi, mes personnages, ceux que je cite plus loin, sortent, certes, de leur entourage, mais du monde et des vivants tout autant et sans doute plus encore que de la lignée ou du village.

Un arbre de connaissance

En l'absence hivernale de feuillage, le tronc du marronnier, à hauteur de tête, bifurque en sept ou huit branches grosses et nues, comme une patte aux doigts géants dont la paume s'invaginerait en berceau. Dans ce creux accueillant, sept à huit garnements ont pris place, chacun allongé le dos sur une branche oblique, pieds réunis à la jonction de ce chandelier à sept bifurcations. Bleu, rouge, vert et jaune selon les blousons et les robes, le bouquet des jeunes corps en éventail recouvre tout l'embranchement. Installés là, ils bavardent, s'exclament, caquètent, jacassent, gesticulent, éclatent de rire en un bruit quasi musical. Ébloui de ce calice floral aux pétales charnels, je passe, lève le pouce pour féliciter le groupe qui, de haut, apprécie et me répond en signes ironiques.

Sous mes yeux, alors, le tronc, noueux, boisé, durci, ligneux, écorce et ramifications, tout l'arbre et ses embranchements se métamorphosent en ces corps mobiles de jouvence et de souplesse, de couleurs et de chansons ; changés en alouettes, rossignols, fauvettes et pinsons, pépient ces filles et garçons. Cette classe ou cathédrale buissonnière construit l'*ego* de ces ados – j'ai vécu cela comme eux – au moins autant que l'école, face au maître, ou, en famille, que papa maman, ou plutôt contre eux.

Nous pensons, donc nous sommes comme des troncs et des branches. Pour penser, deviens un arbre. Bifurque à gauche, à droite, en éventail, ne cesse jamais de dédoubler tes branchages dans l'espace grand. Ramifie, multiplie tes ramilles, envahis le volume, par la cime et dans le large, capte la lumière. La généalogie n'invente que si elle bifurque – ainsi parle-t-on d'un arbre généalogique. Perpétue donc l'arborescence dans le bas comme au haut, longe lentement le cheminement noir de tes racines souterraines qui savent proliférer au loin, lance hardiment le jaillissement vertical du tronc, étale vers le ciel, de ton houppier, les musculeuses branches planes, détaille un feuillage si large qu'il pourrait recouvrir la place du village, émets la chimie exquise de parfums subtils, piège des abeilles, et de poisons tueurs de chenilles parasites, chante avec le vent dont les turbulences font vibrer ta ramure dont l'immobilité, alors, se tord, hante les nids accueillants des pics et des mésanges d'où émanent dix chansons.

Monte des mottes vers les notes.

Idée ou figure ?

Voici la série de ces figures émergentes en métamorphoses constantes : azote et oxygène, corps simples et composés, cailloux et rivière, molécules dupliquées, espèces vivantes, loups, castors ou hêtres, chérubins ou fétiches, idoles… idées. Cette suite longe un flux puissant qui court et bifurque de l'inerte au vif et du vif aux images, des choses dures aux signes doux.

Il suffit d'oublier le processus, mondial, vital, primordial, relié, donc, selon la lettre, religieux, de la métamorphose pour croire que penser concerne seulement les neurones du cerveau et le seul humain loquace, pour croire que les idées ne s'ensuivent pas des idoles et celles-ci de toutes les figures apparues dans le Grand Récit cosmique dont l'élan les fait naître inertes et vivantes. Il faut oublier l'Univers, oublier la vie, oublier le corps… croire que nous vivons seuls au monde, se faire étrangers aux cycles des constellations, des saisons et des espèces, éliminer toute existence autre que la nôtre ; ne vivre que dans les villes, se limiter aux sciences politiques et sociales, pis, se prendre pour Soleil.

Par un long processus d'adoucissement, les idées abstraites ne viennent qu'en petites dernières le long d'une série de figures plus nourricières qui, toutes, joyeusement surabondantes, ont une même structure d'apparition imprévisible, de phénomène émergent et inattendu par un flux puissant, de nouveauté, d'invention, de production, d'innovation, c'est-à-dire de pensée.

Ainsi, par cette suite de figures, devenons-nous, en les sommant, tous ces corps et toutes ces espèces à la fois, tous fétiches et tous dieux, au moins virtuellement, au moins en puissance, au moins en douceur ; ainsi devenons-nous totipotents, des incandescents de pensée.

Un exemple de ce processus : le volcan grec

Lieu sismique dangereux, le golfe de Corinthe s'ensemence de villages engloutis ; devant l'île de Santorin ou Théra, une caldera encore visible avala, jour de colère celui-là, toute la civilisation minoenne sous ses feux, ses laves et ses eaux amères ; comme nos contemporains, les anciens Grecs vivaient sur une terre secouée de catastrophes telluriques. Or, ils ne disposaient d'aucun mot pour dire, désigner, décrire, d'aucun concept pour penser, croyons-nous, ce que nous appelons un volcan. Privés de concept, ces malheureux ! Aveugles, inconscients, résignés ?

Non, car ils jasaient volontiers d'inquiétants personnages dont l'ombre peuplait ce que nous appelons la mythologie, Cyclopes, ainsi nommés pour porter un seul œil à l'orbite ronde au milieu du front, habitant des cavernes sombres et occupés à y entretenir des feux ronflants... Parmi eux, celui qui s'appelait Polyphème devait, selon son nom, parler à plusieurs voix. Qui ne voit là le cratère circulaire, au sommet d'une montagne, qui n'entend là la chambre dite magmatique, interne et souterraine, ainsi que les tonnerres dont les grondements préparent et accompagnent l'éruption ? La pensée par concepts a-t-elle suivi, progressive, ces acteurs aux récits animés ? Que je sache, le terme même de volcan descend directement du vocable Vulcain, dieu jumeau du Grec Héphaïstos, forgeron enterré aux entrailles de l'Etna, où, parmi des fournaises d'enfer, il ciselait des inventions techniciennes géniales, même des robots. Laid, boiteux, contrefait, cet artisan des âges du fer ou du bronze épousa Vénus, déesse de beauté. L'un tirait de sa forge mille innovations subtiles ; l'autre, au corps splendide, émergea des eaux. Sublime et créatif, ce couple se trouve troublé par l'intervention de Mars, dieu de la guerre, amant brutal d'Aphrodite belle. Qui n'admire là dix idées décisives, descriptives, précises, éthiques aussi bien, sur la nature artiste et inventive de la Terre, dont le foyer interne, et des mers, dont la marée musicale, modèlent à loisir, par laves et vagues, des formes magnifiques, tectoniques et vives, et dont l'humaine barbarie concurrence la violence ? Notre physique du globe dit-elle mieux et s'avance-t-elle aussi loin ?

Pour la philosophie et la géométrie, les anciens Grecs usèrent de concepts, certes, mais en l'absence de physique mathématique, ils pensaient le monde par personnes. Le Panthéon olympien leur servait-il d'encyclopédie, de classification des savoirs ? Et, j'y pense, notre notion abstraite d'émergence en dit-elle plus long sur l'invention que la phrase poétique de Bergson sur le « jaillissement ininterrompu d'imprévisibles nouveautés » ; mieux, ces deux énoncés nous renseignent-ils mieux sur la même question qu'Aphrodite nue sortant de l'onde, génération spontanée qu'éblouis, les Grecs imaginèrent et dont Botticelli peignit la beauté ?

Flamboiements de la beauté

Belle, Antarès à la tête de Méduse, beau, le diamant incandescent, beau, le cèdre déployé en étages immobiliers, beau, le tigre dont la robe ruisselle de lueurs colorées... moins en raison de leur matière nucléaire, charbonnière ou ligneuse, de leur forme haute ou fauve, d'un jugement quelconque, dit par un expert ou un nigaud, que par l'élan cosmique et vital dont une bifurcation inattendue fit paraître au jour cette figure, ce personnage d'étoile, d'arbre, d'animal ou de cristal. Tous quatre en montrent la naissance explosive, en présentent la puissance, en éclatent de fureur... occasions ou phénomènes dont le jaillissement, crevant un écran, advient là, aux yeux du monde, par mille soleils : un houppier en pagode, une poitrine large sous pelage noir et or. La beauté d'une femme, corps et âme, d'une sonate ou d'une page, prend sa source en une semblable surrection, en une même insurrection, en cette érection, cette résurrection. Par à-coups contingents dont l'irrégularité dessine une interminable rampe de flammes différentes d'angle, de couleur, d'éclat, d'écart, d'intensité, de hauteur..., le Récit du monde invente des singularités coruscantes – scintillement polychrome, diamant d'éblouissement, cèdre du Liban, tigre du Bengale..., une phrase. Beauté, sceau de la pensée.

Question ironique au philosophe : l'idée, le concept de beauté t'ont-ils jamais paru beaux ?

LE CORPS INVENTIF

Non seulement le Grand Récit, non seulement, l'évolution produisent ces nouveautés, choses ou espèces dures, ces synthèses, ces figures, fétiches et idoles, la beauté fulminante des êtres et du monde, non seulement, par métamorphoses, nous les recréons au sens de tantôt, mais l'existence ordinaire du corps, animal, végétal ou humain, produit sans cesse de telles sommes, de telles synthèses, de telles figures, de telles émergentes nouveautés.

Le moindre geste – marcher, courir, sauter, lancer, parler… – intègre, additionne, synthétise une foule innombrable de données biochimiques, moléculaires, tissulaires, musculaires, neuronales, cervicales, organiques, en somme conditionnelles, à partir desquelles ces gestes émergent. Notre corps produit, en temps réel et sans que la conscience les analyse, nombre de ces synthèses continuelles, si souvent inattendues, sans compter leur grâce douce. Dans l'apprentissage professionnel, l'entraînement sportif, la danse, l'éducation en général, la cour d'amour…, le corps invente mille figures inattendues – rouleau ventral, fosbury flop, pas de deux coquet, geste de tendresse… –, ensuite les imite et les reproduit. La volonté accomplit des synthèses qui vont même, parfois, à l'encontre des conditions analytiques préalables à l'acte ainsi décidé ; mon corps exige repas et repos, je prends un chemin de traverse et continue à courir, travailler, m'exténuer. Le corps fonctionne donc comme un synthétiseur, oblique parfois. Sans ces sommes, sans ces changements de direction, les vivants survivraient-ils ?

L'évolution produit des figures nouvelles, en temps long : cigales ou pinsons. L'existence ordinaire des corps en produit d'autres presque à chaque minute : ports, gestes, postures et mouvements. Formatrice, elle encore, de figures, de synthèses ou de sommes inattendues, la vie cognitive, plus douce, s'ensuit. L'ontogenèse prolonge et mime doublement la phylogenèse.

Je pense quand ma tête parvient à faire ce que sait faire, sans tête, mon corps ; quand ma tête invente comme mon corps fait émerger, à chaque minute, de nouvelles figures. Comme si, en un éclair, le corps lui-même pouvait transformer un chaos analytique en une forme, ses énergies en information, le matériel en logiciel ou le dur en doux.

Les âges du corps

Cela se calcule avec exactitude. Nous croyons le plus souvent, et nous n'avons pas tort, que le corps pense suivant le temps qui le sépare de sa naissance individuelle – enfant naïf, ado révolté, adulte averti, barbon fatigué –, bref selon son âge ontogénétique. Certes. Mais il pense aussi et, je le crois, surtout, selon son âge évolutif, dont ses organes, ses tissus et son cerveau gardent des marques ancestrales. Nous mesurons, par exemple, les proportions que notre ADN a en commun avec telle et telle espèce, parfois tel ou tel virus ; nous ne vivons pas si loin des plantes et des bêtes que nous le croyons ; la métamorphose ne se produit donc pas si difficilement. Le corps pense aussi selon ses organes, peu à peu apparus le long de l'évolution millionnaire – certains, récents, avoisinant parfois d'autres, plus archaïques, le bric-à-brac anatomique fédérant alors, je parle par images, pivots des chevilles, brouettes des hanches, fémurs et genoux avec les machines à feu de la physiologie et les ordinateurs du cortex –, et selon, enfin, ses éléments cellulaires, molécules et atomes, qui datent, quant à eux, hydrogène et carbone, oxygène et azote, des commencements de l'Univers, voici des milliards d'années, sans compter les milliards de bactéries et de virus qui nous habitent et nous individualisent. Non, le monde ne nous environne pas, il nous construit de part en part. Laissons le terme d'environnement, narcissique assez pour nous mettre au centre d'extériorités.

Que le corps résume un microcosme, un sommaire, dense, local, quasi miraculeux, de la genèse cosmique, qu'il vive, si j'ose dire, comme un flux cosmogonique, nous pouvons enfin évaluer la puissance universelle de cette figure grâce aux datations précises du Grand Récit. Tout ce qui précède, cette vie jetée sous la pensée issue de l'évolution et, plus encore en amont, de l'émergence des éléments, ensuite des espèces, enfin des idoles..., se résume dans cet âge-somme de mes composantes corporelles... qui peut ainsi produire du nouveau, exactement comme l'Univers.

Je pense donc je suis mû par l'Univers. Je pense donc je suis universel.

La durée de la pensée

Que je porte en moi le temps du monde, que des atomes analogues aux miens composent cailloux, mers et rivières, que des virus, plus nombreux que mes cellules, dessinent sur et en chacun de nous un paysage qui nous singularise, que des molécules semblables aux miennes s'associent en avoine, cèdre, alose ou castor, que mes yeux, par exemple, se soient formés au fond des mers glauques d'où mon regard sort et au sommet vertigineux des canopées où d'autres primates, mes ancêtres, gambadèrent en compagnie des volatiles, cela ne réduit point mon effort de pensée à des rêves ni à quelque retour à des ontologies dites primitives, mais cet effort, tout au contraire, suit fidèlement ce que nous savons aujourd'hui de plus précis sur la formation des corps. Comment pourrions-nous penser autrement que par lui, avec lui et en lui, selon la patience longue et le courant de sa durée ? Ainsi sommes-nous au monde, par nos organes, nos tissus, par nos cellules et nos molécules, par ce temps universel que nous portons en nous. Par chacun de ces éléments nous correspondons avec toutes choses et tous êtres du monde.

Ainsi le corps devient-il un bon étalon de mesure pour la durée de la pensée dont le flux court du big bang vers le big crunch pour émerger avec les choses ; de la première bactérie à la dernière venue des espèces pour accompagner les vifs ; du pléistocène au moins à l'anthropocène, des chasseurs-cueilleurs à Petite Poucette pour assumer les humains.

L'histoire ou l'oubli

Enfin complétée, cette durée milliardaire montre, comme en retour, que notre histoire, confite en rivalités, guerres, massacres, répétitive recherche d'un pouvoir de par des marionnettes cruelles, dense de violence, saturée de bruit et de fureur, se montre d'autant plus narcisse qu'elle est brève, à peine quelques millénaires, mais aussi d'autant plus dangereuse que, sans mémoire, alors que vaniteusement elle s'en glorifie, elle oublie l'Univers, les choses, les vivants et leur temps, plus les peuples qui ne savent pas écrire.

Elle commence, justement, à l'invention de l'écriture et, du coup, exclut cruellement les peuples qui n'en jouissent point; elle pousse alors à juger préhistoriques des contemporains. Par bonheur, une science humaine, humaine au sens moral tout autant que scientifique, l'ethnologie, pallie cet oubli. Elle délaisse ensuite les temps qui précédèrent cette invention. Par bonheur, une science humaine, morale tout autant que savante, la préhistoire, pallie cet oubli. Pour décrire l'apparition, il y a trois ou cinq millions d'années, d'*Homo*, notre ancêtre, cette dernière émet alors des scénarios divers qui tiennent compte des changements du climat, de la végétation et de la faune alentour. Occupée exclusivement de l'homme, l'histoire, alors, narcisse, oublie l'évolution du vivant, ainsi que ses origines, enfouies dans un laps de temps presque quatre fois milliardaire. Mais cette émergence des vifs ne se comprend, à son tour, qu'à la suite d'une durée, de nouveau oubliée par l'histoire, quinze fois milliardaire, au cours de laquelle la Terre, l'Univers et les choses naquirent et construisirent le monde dont jouit aujourd'hui l'historien, qui oublie que le cheval d'Alexandre, que le bois et le fer de sa lance, que les terres labourées dévastées par ses armées, que les bactéries qui tuèrent ses ennemis... ont aussi une histoire, incomparablement plus longue que la nôtre. Je n'oublie en rien les petits récits de l'histoire, précieux, vagues et cruels, mais, tout au contraire, je mets la plus grande attention à en définir l'aire, celle d'une discipline qui se définit par cette série précise d'oublis.

Fondé sur elle et, parfois, sur la préhistoire et l'ethnologie, l'ancien humanisme, narcisse aussi bien et aussi pauvre en monde que l'histoire, laisse enfin place à un nouveau, dont la construction, en cours ici même, plonge l'homme, ses pratiques, ses collectifs et sa pensée inventive parmi les vivants et les choses, si oubliés, jadis et naguère, et si ravalés à l'état d'objets qu'ils se trouvent désormais en risque de disparaître sous l'oublieuse violence de l'ancien. Car le narcissisme ne regarde pas seulement sa propre image dans le miroir d'une source, mais, narcotique, torpille et tue tout autour de lui – intimiste, un peu, destructeur névrotique alentour. Humaines enfin, les sciences retrouvent le monde, choses et vivants, d'où procèdent les hommes qui font les sciences. Plus humbles alors, les hommes redeviennent humains.

Nouveau coup, décisif celui-là, porté à notre narcissisme. Certes, certains de nos collectifs découvrirent, inventèrent même les sciences de l'Univers, de la Terre et de la vie, mais, en retour, ces disciplines leur apprirent, dans et par le Grand Récit, que l'Univers, le monde et la vie les inventèrent, eux. Nous produisîmes un savoir dont les objets nous produisirent.

Émergence de personnages annonciateurs

Laissons la critique, amère souvent et inutile à l'invention, pour, le plus joyeusement du monde, revenir au corps vif, productif de façon foudroyante et en relais long de l'Univers.

Nu sur la place publique, encerclé en son tonneau, Diogène a cassé son écuelle pour manger à même sa main, se nomme lui-même le Cynique pour se rapprocher du chien, dont le museau se moque du tralala de la puissance et de la gloire ; il épie le Soleil à travers Alexandre et sa cuirasse, soit la nature à travers l'histoire. Nu sur la place publique, au scandale de son père, riche marchand de fanfreluches, François, le petit pauvre d'Assise, sort de la ville, se délivre du commerce et de la politique, hante des lieux non cultivés, erre par les grands chemins et, en deçà de l'histoire, parle aux oiseaux, chante l'éloge des fleurs, entre en conversation paisible avec son frère, le loup de Gubbio. Renouant avec des usages millionnaires, la plongée nue de son corps parmi les choses, les plantes et les bêtes précède et annonce le penseur contemporain dont je tente de dire l'effort. Je n'ai jamais cessé de me sentir franciscain.

Émergence : découverte

Mieux encore : pour que le récit naïf de la plus célèbre découverte d'Archimède nous parvienne, inchangé à travers deux millénaires d'histoire, en général mensongère, il faut qu'il cache de riches trésors. Voici le mécanicien nu, dans son bain. Son corps, flottant, ondoie, seul, dans le volume, comme un petit vaisseau dans un bac minuscule, où ses membres, nus, cherchent, un peu, à surnager, livrés à des tangages et des roulis menus. Ondoie : oui, se liquéfie. Se fluidifie, se dilue dans la loi fluide. Suit la loi de l'eau. Je le comprends, j'ai nagé de même pour comprendre la rivière. Et qui voit, là, le travail de quelque entendement, dont nul n'avait encore soupçonné l'existence inutile, en ces temps de finesse ? Non, voilà un corps tout nu, un fluide transparent et, bientôt, un théorème d'équilibre par les eaux.

« J'ai trouvé », hurle-t-il, et le voilà sorti, toujours nu, dans la rue, criant et courant ; nu, sur la place publique, au grand ébahissement des gens raides, habillés, immobiles et debout, marchands de tissus, marionnettes de l'histoire et de la politique, qui, scandalisés, voient sans le voir, ruisselant d'eau et de lumière, un corps et un corps seulement, qui m'éblouit, maintenant, de sa valeur de vérité. Nu, comme au sortir du ventre de sa mère et sautant comme un enfant ; nu, sans autre appareil, dans le bain, sur la terre et par l'air, ce corps s'enfonce mais flotte, roule mais surnage, en proie au vertige de la noyade, mais sauvé des eaux par cette force verticale, il se lève et sort de sa piscine, marche, court et laisse sur le sable les traces de ses pieds mouillés ; enfin, bondissant de joie, s'envole, en chantant, dans le vent, le verbe séraphique de la trouvaille : *Eurêka !*

« *Eurêka !* j'ai trouvé la force verticale qui lève le corps roulé dans l'eau ! » crie-t-il. Mais quelle puissance le pousse, de plus, hors de l'eau, verticalement toujours ? « *Eurêka !* » dis-je, à mon tour, car voici le théorème d'Archimède généralisé : tout corps loyalement plongé dans le monde aquatique, la vie authentique, dans l'apprentissage courageux et direct donné par le monde et les choses, reçoit d'eux une force égale à ce corps et dirigée de bas en haut, verticale, vers la découverte. Nous ne trouvons rien que nus. Soulevés de joie.

Qui expérimente ? Le corps. Qui invente ? Lui. Et qui flotte, court et vole, en ivresse archangélique lorsque l'intuition bienheureuse le baigne et le fait léviter ? Le corps, oui, le corps encore. Nu. Confite en logique et analyse, toutes deux machinales, l'intelligence reste bête et lourde sans lui, ailé.

Il vient d'accoucher. Il accouche d'une loi. D'une loi douce qui régit le monde dur des eaux et de la mer. Sans elle ni lui, je n'aurais jamais joui de l'érotique balancelle du roulis.

Émergence : l'eau changée en vin

Fille d'une lignée de vignerons bordelais, investie fort jeune de hautes responsabilités en vinification, Françoise se levait, en de certaines nuits d'automne, pour attendre que le moût se mît à bouillir. Elle calculait à peu près le moment solennel qui tombait parfois, au soir des vendanges, à des heures où elle errait seule, au château, dans le noir des couloirs. Elle descendait alors de sa chambre vers le cuvier, s'agenouillait au pied du foudre, collait son oreille à la paroi, attendant, le cœur battant... Dans le marc en dormance, une première bulle lente monte crever à la surface où flottent, chauds encore, les peaux des grappes et les grains ; une deuxième se forme, suit une voie différente et aussi tranquillement lente d'ascension, puis une autre, puis une autre encore, comme si nombre d'instruments cherchaient le *la* de l'accord avant d'attaquer la partition ; puis, *tutti*, le concert symphonique commence. Le moût bout, alléluia ! On eût dit la naissance du monde, la création, l'éveil, une invention, une bonne nouvelle, oui, la bonté, la beauté du cru...

« Françoise, l'interrompis-je dans sa relation, as-tu des enfants ?

— Trois, répondit-elle.

— Te souviens-tu du premier mouvement du fœtus dans ton ventre, de cette prime émotion, de ce moment inaugural de la vie ? »

Je la vis émue.

Quand Élisabeth ressent le Précurseur s'agiter pour la première fois dans ses entrailles, elle induit, de son cri, sa cousine Marie, enceinte comme elle, à entonner le *Magnificat*, le poème féminin par excellence, étincelant de beauté. En merveilles souveraines de musique et de pensée, la Visitation décrit l'émergence corporelle, féminine, maternelle, matricielle de l'innovation.

Émergence : incarnation

Nue, à peine sortie du ventre de sa mère, la nouvelle-née n'a cessé de se construire *in utero*, neuf mois durant, par un million de réactions chimiques à la seconde. Calculez la somme énorme qui grésille dans ce corps sous la conscience vague de la génitrice et de l'engendrée néonatale ; évaluez alors le miracle improbable jaillissant de la porte qui gît entre les jambes de la parturiente, la figure imprévue qui synthétise, d'un coup, ce codage de détails biochimiques dont l'innombrable nombre évoque le temps et la population du monde. Naissante, cette vie nouvelle émerge d'une nage longue, mais aussi de ce flux incalculable et, tout d'un coup, inventif d'une personne. Qu'est-ce donc que ce corps anadyomène, issu de ce jet, original, personnel, surgissant parmi ce quasi-transfini, jeté sous lui ? Qu'est-ce donc que cette fabrication, cette figure contingente ?

En somme, la naissance d'un personnage montre une intégrale originale, une synthèse inattendue, à la suite de toutes celles que nous avons vues. Naître devient le mouvement premier, parmi tous ceux, évoqués tantôt, qui synthétisaient en un geste simple une nuée de conditions sans nombre. Naître : sortir, jaillir, se projeter en avant. Naître, connaître. Faire naître, produire, modèle excellent de pensée inventive. Penser : accoucher d'un incarné. Le terme d'émergence, usité dans le Grand Récit pour l'évolution des corps ou des espèces et mille innovations diverses, dit ce surgissement de la nouveauté naissante moins excellemment que la maternité. Supériorité des femmes, aussi productrices que le monde. Ce modèle parfait réapparaît ailleurs sous la forme d'une virginité féconde sans prédécesseur.

Aveu en passant. La philosophie, dit-on, conduit à la sagesse. Suivant un autre sens du même mot, je voudrais, avant de mourir, devenir sage-femme, aider à l'enfantement du nouveau monde. Ma vie entière m'y a préparé, par l'écoute attentive des craquements émis par l'ancien. Les crises que nous traversons, les inquiétudes qu'elles suscitent, je les entends comme des plaintes émises en travail de gésine. Je chéris la mère, j'accueille l'enfant. Puissé-je améliorer sans cesse ma pratique de médecin accoucheur, mon devenir sage-femme.

Figures
et mouvements

Explosion de mille personnages

Lorsque, mimant ainsi ce jaillissement de naissance et plongeant dans des eaux baptismales, la littérature, douce en effet par rapport au monde réel et à la vie incarnée, plus durs tous deux, invente et dessine des figures aussi belles que celles d'Ulysse, Don Quichotte, Dom Juan ou le Grand Inquisiteur, elle nous fait accéder à une somme analogue, à une synthèse virtuelle et cognitive, équivalente dans le doux à celles que le Grand Récit nous montre quand paraissent, durs, fer, aluminium ou manganèse, à celles que l'évolution fait émerger quand paraissent à la lumière telle mouette dans les airs, sur la terre le jaguar ou le lamantin dans les mers, à celles qui peuplent les mythologies de fétiches et d'idoles, à celles que le corps produit en gestes adaptés, lorsqu'il marche, saute, court, aux lois qu'il découvre quand il nage en se liquéfiant et saute en croyant qu'il vole, à la figure que fait accéder au jour la miraculeuse maternité, puis au geste final et plus doux de nommer.

Les grands écrivains créent ces figures et les font vivre, d'une existence parfois plus longue que la nôtre, au moins dans le virtuel d'une expérience indispensable à nos métamorphoses éducatives. Ils prennent le geste de l'évolution, qui, elle aussi, joue avec les possibles et produit diamant, tigre ou bonobo ; ils miment le monde et la vie, au sens de la recréation. Du coup, ils favorisent des environnements culturels imprévus, comme les vivants émergents lancent de nouveaux milieux. Nous n'existerions point, nous n'évoluerions pas, nous apprendrions peu, penserions-nous enfin sans la littérature qui invente des vivants possibles et contingents, qui nous entraîne donc à penser, comme font l'Univers et la vie? Précède-t-elle, alors, la philosophie?

La philosophie produit des personnages

Oui. Bien des philosophes suivent ce chemin ni tracé ni traçable, mais d'une puissance rare d'inventivité. Des noms propres de personnes titrent à peu près tous les dialogues de Platon, où Calliclès incarne la violence et Timée la genèse du monde; Gygès, berger parti à la recherche d'un agneau perdu et devenu roi par dix crapuleries sordides, y figure une morale exigée du solitaire et par lui oubliée; les Lois y apparaissent à Socrate sous prosopopée: à figure et visage découverts, elles parlent comme une apparition dans une hagiographie, comme un phénomène inédit.

Plutôt synthétique, la philosophie de langue française pullule ainsi de personnages, du Malin Génie à l'*Ego* cartésiens, de Zadig à Jacques le Fataliste; Pascal émaille ses *Pensées* d'historiettes pour le divertissement, ainsi fait Leibniz dans sa *Théodicée*, où se distinguent les jumeaux polonais, où revient de se battre le doublement bien nommé Martin Guerre. Michelet comprit que la Sorcière inventait; qui, avant lui, aurait osé imaginer que la botanique, la pharmacie, la chimie émergeraient de nuits passées dans une clairière à se livrer au sabbat? Le plus français des penseurs allemands évoqua Dionysos et fit parler Zarathoustra.

Évoqués, peints, racontés, mobilisés par Montaigne, maître de style et de pensée pour tout auteur de ma langue, les personnages dont les actes et les caractères peuplent les *Essais* vivent et fourmillent en une foule si active que la philosophie devient, là, un caravansérail où cent voyageurs vont et viennent de toutes parts, un pays multiculturel à l'état renaissant, un lieu de vie soucieux du corps, des plantes et des bêtes, un foyer d'enseignement, une sorte d'utopie – mieux, de pantopie –, où pourraient commencer dix romans, un peu de piété, moins de politique... mais aussi la matrice d'un Panthéon où s'humaniseraient les idoles, un ciel d'idées incarnées sur la Terre, en somme un monde à notre mode. Existe-t-il philosophie plus proche du réel et de la perfection que celle qui accueille ou engendre tant de vies humaines et les assemble comme si elle recréait un univers, des collectifs et leur histoire? Montaigne a-t-il assez profondément plongé dans le dynamisme du récit cosmique et vital pour en avoir saisi le geste créateur et les «nouvelletés»? Il conduit devant son *moi* qu'il peint cent figures qui l'incarnent et qui vivifient autant de concepts en les nettoyant de leur abstraction. Imaginez la tête des docteurs de Sorbonne, troupe au format de débatteurs maigres, farcis des concepts analytiques de la scholastique, assez distingués pour partager les disputeurs en écoles, furieux de débats, épuisés de conflits aussi amers qu'inutiles, devant ce déferlement de foule pacifique, parallèle au défoulement du contemporain Pantagruel!

Comment Montaigne conduit-il cette troupe? Par la pensée.

Le berger conducteur de multiplicités fluctuantes

De nouveau, qu'appelle-t-on penser? *Cogitare.* Un vieux verbe latin d'origine agraire, *ago, agere,* décrit le pasteur occupé, tout justement, à conduire son troupeau: *agit* le berger. Ainsi agissant, il tente de maintenir ensemble agneaux, brebis et boucs, fragiles et forts ; il veille à ce que les jeunes têtes ne s'égaillent pas, surtout qu'elles ne s'égarent pas dans le lointain du plateau ou les précipices des montagnes, pour éviter de courir, comme Gygès jadis, à la recherche de la tête perdue en abandonnant les autres. Avançant avec lui par monts et vallées, deux ou trois chiens l'aident dans cette pratique délicate de rassemblement pendant et par le mouvement ; selon le relief et l'état de l'herbage, le troupeau, vu de loin, prend des figures métastables, invariantes par variations. Pratiques du même métier, ses enfants, ses voisins conduisent, eux aussi, à la même saison, dans des alpages séparés, des troupeaux nombreux – femelles, mâles et petits –, sans compter les chiens de garde.

Et soudain, le voisin meurt ; et soudain, victime du tirage au sort, l'un des fils part à l'armée ; soudain, un frère, malade, se fait opérer à l'hôpital. Ces accidents inattendus demandent des solutions nouvelles. Pour aider la famille, pour remplacer l'ami, le père berger, déjà titulaire de centaines de bêtes, doit ajouter à son troupeau une foule de nouvelles têtes qu'il ne connaît ni ne maîtrise. Or cela doit se faire d'urgence, car, s'il ne s'en chargeait pas, elles mourraient de faim, de maladie ou des loups. Voici donc, tout d'un coup, devant lui, des milliers de brebis au ventre lourd, d'agnelles naïves et de boucs récalcitrants, d'autant plus difficiles à garder groupés que les chiens du voisin malade ou du fils disparu saisissent mal les appels et les cris de ce remplaçant, obligé de réunir deux ou trois troupeaux et de les conduire ensemble : de les *co-agere*. Disparates, peu unis, trop nombreux, ces animaux tirent dans tous les sens et s'agitent chaotiquement en faisant tinter clarines et clochettes : *co-agitant*. Danger qu'ils n'en fassent qu'à leur tête, risque de les perdre ! Perdre des têtes, perdre la tête !

Comment, dès ce matin, car les choses pressent, en faire un vrai troupeau, différent assurément, mais aussi docile, aussi organique, obéissant, synthétique, unifié que le premier? Comment conduire ensemble, *co-agere*, plusieurs collectifs disparates, innombrables, agités, *co-agitare*? Qu'appelle-t-on penser? *Cogitare!*

Admirez comment, au risque de chaos, ce berger pressé produit, selon le mouvement fluide du troupeau, des figures variables, synthèses aussi imprévues que le furent les trois annonces: mort du voisin, départ d'un fils, maladie du frère. On dit qu'il conduit ses troupeaux; oui, mais, de plus, il les pousse devant – *pro-ducere* –, oui, le berger les produit, au sens littéral. Mieux encore, oyez-le iodler à tue-tête et tord-thorax, par les alpages, en notes dansantes adaptées au frais du vent, aux fracas des chiens, aux abois de l'orage et aux ondes ovines... Que percevez-vous là, sur les ailes de sa voix? Du performatif: il dit et cela se fait. Admirez comment, par systoles de rassemblement et diastoles de dispersion, criées par lui, selon ses ordres modulés, l'ensemble géant dessine, sur le flanc de la montagne, comme sur un écran, mille profils par mouvements fluctuants et, par la poussée de leur avancée, autant de figures diverses, nouvelles, de synthèses fluides, mouvantes. Ne voyez-vous pas là des images saisissantes, «cogitantes», de toutes les bouffées d'invention que nous avons jusqu'ici rencontrées, figures multiples de corps émergés dans l'Univers, espèces issues de l'élan vital, nouveau-né d'un ventre volcan où se multiplie l'explosion combinatoire, corps vif qui agit, profils instables de personnages dits par le roman ou la philosophie, autant de productions, de jaillissements, de poussées en avant?

J'ai l'intuition, impossible à falsifier, que cette image ancienne, bergère, pastorale, d'un ensemble croissant, disparate, mouvant, à rassembler sans cesse en figures diverses, succède, en la reprenant sur un mode domestique, donc dramatiquement réduite à fort peu d'espèces, dont le mouton mutilé, succède, dis-je, à la vision plus archaïque encore et plus active aussi de l'ancêtre chasseur-cueilleur adapté à la forêt, mais étonné tous les jours des compagnies, meutes et hardes qu'il y rencontre et où il reconnaît, malgré leur disparate, les individus qu'il laisse, tue et mange, et aussi les grappes, gousses et cosses qu'il ramasse, trie, rejette ou conserve ; devant lui se présentent des ensembles composites, chaotiques, fluides, analogues, chatoyants, toujours recommencés, en désordre permanent à reconfigurer.

Multiplicités

Nous pensons désormais par troupes et troupeaux. Dès l'âge classique, le calcul naissant des probabilités maniait dés, jeux et grands nombres ; plus tard, la thermodynamique statistique envisagea des enceintes à milliards de molécules lentes ou rapides ; la théorie des ensembles et l'algèbre raisonnèrent par équipotences transfinies, groupes et structures ; la cosmologie observe et décrit des amas laiteux et d'innombrables singularités ; la biochimie accède à de grandes populations de cellules et à d'immenses océans de bactéries et de virus qui, en pénétrant ou en recouvrant les vivants, en font, par leur paysage, un troisième, puis un quatrième individu singulier, après celui de l'ADN et celui de leur organisme, issu aussi de l'épigenèse ; les « sociétés » d'insectes fascinent ; ainsi les mers, les nuages et les vents… Le penseur-berger cherche à maîtriser des éléments nombreux et agités ; ainsi perçoit-il la clameur des vifs et le bruit de fond du monde.

Qu'en est-il de penser? Voici, en moi et hors de moi, des milliers d'éléments agités, disparates, indisciplinés, chaotiques, vivants, dynamiques, boucs teigneux, agneaux affolés, pesantes brebis... Comment, maintenant, les tenir en main, en faire la somme, la synthèse, les mettre sans cesse en figures nouvelles au gré de leurs mouvements inattendus? Comment assembler, en schémas métastables par leurs déplacements à travers les pacages des alpages, ces multiplicités? Comment, sans cesse, les reconfigurer? En suscitant un personnage qui les conduirait, en inventant le corps, les gestes d'un berger, d'un pasteur, d'un père? Ou en décrivant ses enfants, leur vie et leur famille; en parlant de ses voisins; en plongeant dans le troupeau, parmi brebis, boucs, agnelles et agneaux? Car le Pasteur aime ses brebis, les conduit en transhumance, veille sur l'agnelage et le pâturage, pratique, pour les soins, l'art vétérinaire, prend sur ses épaules les agneaux trop faibles, mais envoie, pour finir, le troupeau à l'abattoir. Qui prendra la place de l'agneau abattu?

Le long du processus dont l'adoucissement descend des choses aux vivants, de ceux-là aux fétiches divins et de ces idoles aux idées, cette foule s'intercale.

Premières figures douces

Or donc, depuis que je commençai à tenter de penser, mon entreprise s'engagea, comme par instinct, vers cette levée, cette surrection d'incarnations individuelles déjà frayée par Platon, Montaigne, Pascal, Leibniz, Diderot, Michelet, certes, mais surtout par le Grand Récit et l'évolution vitale créatrice d'espèces et de corps, tous jetés sous moi, comme le fond de Garonne, matrone sous le ventre du nageur en apnée.

Me voilà tenu de reprendre, quoique sous un angle neuf, des chemins déjà tracés. Dans les années 1960, rien ne laissait présager, en effet, l'apparition du messager, les ordinateurs ayant à peine paru en laboratoires, les vieux médias étant, comme toujours aujourd'hui, tenus, à l'émission, par une minorité de magnats. Depuis la révolution industrielle, Prométhée tenait le fer, le charbon et l'acier, la forge, l'Europe, les cols bleus, les partis politiques, droite ou gauche, tous férus d'économie ; demi-dieu du feu, ce héros figurait les mineurs, les métaux, les hauts-fourneaux, la bataille contre les déités dominantes, bref, le dur – *hardware*. Historiens et philosophes aux mains fines aiment dire le dur, pierre polie ou taillée, bronze ou fer, pour dater le temps, mais surtout célébrer leur souci d'un concret qu'ils ne pratiquent pas.

Soudain, contre toute attente, parut Hermès, porteur de messages, léger, rapide, invisible et secret comme un ange qui passe, figure d'échanges, espèce émergente, patron des commerçants, traducteurs et voleurs en foule agitée, idole, idée inattendue Sait-on que les premières statuettes de ce dieu le représentaient, berger, porteur d'un bélier sur les épaules ? Parmi le monde dur finissant, charbon et aciéries en chute libre, voici moins le héraut du doux – *software* –, le dieu ou l'idée du doux, que l'idole ou l'idée du couple incarné dur-doux, car les codes se transportent par son corps en mouvement grâce à des pieds assortis d'ailes. Ce couple support-message ou matériel-logiciel se retrouve, certes, dans les ordinateurs, mais aussi dans les corps vifs et les choses du monde. Nous manipulons aujourd'hui, en effet, le doux comme tel, désormais manifesté, alors qu'il se terrait au secret noir des éléments qu'il travaillait ou inventait, mais qu'il apparaissait déjà plus visiblement aux éclats du vivant qu'il faisait évoluer, qu'il jaillissait enfin aux lueurs étranges de nos découvertes. Quand il surgit dans mes livres, je ne pouvais encore évaluer ni cette généralité ni cette puissance.

Borne statuaire, corps volant, espèce, fétiche, idole, figure angélique, personnage partout répandu, désormais innombrable, intégrale des messages, idée enfin, Hermès transforma le milieu, incarna le milieu transformé. Il l'avait toujours fait; car, depuis toujours, aux représentations comiques ou tragiques et dans la réalité de l'histoire vécue, le messager, jamais titulaire de quelque pouvoir et seulement intermédiaire, annonce les nouvelles, provoque les coups de théâtre, fait basculer le récit, suscite l'intérêt, change, par le passage du message, la direction des événements. Oui, le doux fait bifurquer, même le plus dur; oui, en changeant l'angle, au safran du gouvernail, «l'éclair gouverne l'Univers». Quelles nouvelles, quelles informations, portées par quel messager, permettent au Grand Récit de produire du nouveau, ici, là et à telles époques, ou à l'évolution de faire apparaître des espèces inattendues? nouveauté.

MESSAGERS

Le voilà donc ce messager, stable aux carrefours et mobile sur les grands chemins, parcourant et traçant le format universel des réseaux, ces charpentes de l'ancien et du nouveau monde.

Quelques décennies plus tard, ledit ordinateur, mobile et portable, dernier avatar des couples support-message ou dur-doux – *hardware-software* – commence de vider les concentrations géantes de leurs messages : gares, aéroports, grands magasins, banques, postes, bibliothèques, universités…, chacun utilisant et maîtrisant chez soi l'information correspondante, utile ou désirable. La distribution tend à remplacer la concentration. De même et parce qu'ils comptent autant d'émetteurs que de récepteurs, les nouveaux médias font espérer d'échapper plus aisément aux magnats de tantôt et à leur tyrannie. De même encore, devant la croissance des cours en ligne, quel genre de campus devra-t-on construire, et même faudra-t-il encore en construire ? Descendante directe d'Hermès, Petite Poucette découvre alors le sens physique de l'adverbe *maintenant* : « Portable en main, dit-elle, maintenant, tenant en main le monde » ; cette nouvelle devise promet des merveilles à l'individu.

De la même descendance, l'un de mes premiers personnages s'appelait Pantope – celui qui passe en tous lieux, sur des tissages à la Pénélope, sur les graphes en réseaux, autrement dit Passe-Partout, le valet qui aide son maître à boucler le tour du monde J'en nommai un autre Tiers-Instruit, héros dont la culture unit sciences dures et humanités, dont le nouvel humanisme connecte donc toutes les pensées du monde en un nouveau réseau, si fluctuant par le temps qu'il deviendra plus tard le Grand Récit.

Tous deux incarnaient des savoirs puissants, avaient synthétisé la pensée algorithmique, avaient digéré la combinatoire, la théorie des graphes, topologie, thermodynamique et théorie de l'information, cosmologie, écologie, gnoséologie…, toutes dirigées vers une «desmologie», discipline des nœuds et des liens, applicable en technologie des réseaux.

De retour au Grand Récit

Dessiné lui-même selon des réseaux, *Le Système de Leibniz et ses modèles mathématiques* me servit, au début, de modèle, mais aussi de repoussoir. Pour Leibniz, en effet, tout se calcule ou peut se calculer, sauf l'individu, sauf, justement, le personnage, innombrable et infini quant à lui. Leibnizien pour partie parce que dominé par les techniques algorithmiques, désarticulé d'analyses, notre temps avait à retrouver le geste de la synthèse.

Je n'ai cessé de le chercher, d'en former le projet, de penser que penser n'était rien sans ce geste, sans l'invention permanente de personnages, parfois inattendus, sans le souci incessant de reconfigurer. Je m'informai, dès lors, d'œuvres ou d'auteurs où se déploierait le souci de la totalité, ou sensibles au flux temporel le plus long possible: Auguste Comte en philosophie des sciences, par exemple, ou, en littérature, Zola dont *Les Rougon-Macquart* suivent au moins une généalogie porteuse de temps autant que d'espace, productrice évolutive de figures et de personnages.

Hors de saison – plus de tableau fixe, moins de système à la rigueur –, le projet encyclopédique laissa place à la projection, à la fois temporelle, contingente et inachevée, fluctuante, de ce nouveau Grand Récit qui, jeté sous toutes choses, raconte la naissance de l'Univers et de ses éléments, la formation des galaxies, étoiles et planètes, la genèse des vivants et des espèces, la paléoanthropologie et, à la dernière brève seconde, l'histoire partielle et quelques personnages. Mes pères n'avaient derrière eux qu'un petit passé millénaire ; l'histoire qui pousse Petite Poucette se compte en milliards d'années.

Da capo : me voici de retour à l'*incipit* de ces pages, à ce Grand Récit inspirateur, porteur des lois cachées de l'invention et de la pensée.

Autres personnages

Avant d'établir ce Récit-là, somme temporelle de savoirs et d'existences, flux énorme de fertilités, avant d'y plonger corps et biens, je m'adonnai à des synthèses courtes et vives, sous la forme, en effet, de figures. Promoteurs des temps contemporains, voués aux sciences et aux technologies numériques, les anges en foule et Atlas en personne reconfigurèrent vite Hermès, messager trop solitaire, issu d'une époque révolue. Vint le temps des multiplicités. Incarnés, ces personnages forment un ensemble. Le Grand Récit laisse alors place à l'histoire : humaine, incarnée, à la recherche d'un sens.

À l'opposite des anges messagers, le Parasite, ancien nom du bruit, figura la synthèse des difficultés rencontrées dans ces nouvelles et anciennes transmissions, mais aussi les mutations inventives issues de leurs erreurs, volontaires ou non, de traduction ou de transcription ; aussi redoutable que Tartuffe, mais fertile aussi de nouveautés subtiles. Hautement darwiniens, les Parasites font souvent bifurquer le temps – ainsi vais-je dire bientôt l'invention boiteuse. Je soupçonne qu'ils détiennent des secrets décisifs sur la vie.

Parèdre d'Hermès, Hestia ou Vesta, quant à elle, règne sur *Habiter*, pour l'architecture, la maçonnerie et les usages de maison, comme sur *Statues*, pour la technique et la sculpture.

Plus proches de nous et plongés dans la crise actuelle, l'Hominescent et l'Incandescent annonçaient, justement à travers le Grand Récit, l'héroïne finale de nos temps présents et à venir, que je nommai Petite Poucette, dernière descendante dans l'antique et moderne lignée d'Hermès.

Double poids de la figure

Pourquoi ces figures, terme que ce texte répète depuis le big bang ? Parce que singulier, original, unique en son genre, marginal même si l'on veut, inattendu en tout cas, un personnage concentre, à soi seul, tout un monde, le synthétise et souvent le commence. Comme une espèce qui émerge annonce parfois une nouvelle ère dans l'évolution ; comme une réponse globale à une crise multiple ; comme un corps dont l'existence assemble des organes disparates, hurlant dans le désaise, tacites dans la santé, chantonnant dans le bien-être, adaptés à l'environnement et prometteurs d'avenir ; comme une sensation intègre des millions de petites perceptions ; comme un geste et un nouveau-né réunissent des milliards de conditions biochimiques ; bref, comme la vie ou la mère les somment ; comme l'invention façonne, modèle, forge, fabrique, représente…, tous verbes qui traduisent le travail de la figure, de la fiction, de la fabrication. Car si l'Univers, la chaleur et la vie ne cessent de réaliser des figures, leur synthèse, à l'inverse, est la propriété majeure de leurs temps inventifs ; elle émerge comme nouveauté, souvent aussi en beauté.

Mieux encore, quand émerge une espèce vive, crotale, baleine ou séquoia, elle incarne, si j'ose dire, l'état des choses au moment de son apparition, y réalise une bifurcation et promeut ainsi un nouvel environnement. De même Ulysse, le Quichotte, Dom Juan ou Harpagon... portent, à leur naissance, le même témoignage sur le monde et la vie que le reptile ou la paramécie à l'heure où ils voient le jour ; si demeure leur figure, elle pèse longtemps sur le devenir global de l'humanité ; de même la mer ne serait pas la même sans le souffle des baleines ni la forêt californienne sans la majesté des séquoias. Qui crée ces personnages a pris le geste créatif de la vie évolutive.

Individu, *hic et nunc*, fait de chair et d'os, unique et contingent, tel que vous et moi pouvons le rencontrer au détour du chemin, un personnage représente donc aussi une espèce, une catégorie, une forme, un état d'équilibre légèrement déséquilibré parmi le devenir aléatoire, bref, un universel, en tant que *spécimen.* Instantané de ma petite-fille brune et vive, Petite Poucette incarne de plus la population née lorsque ordinateur mobile et téléphone portable, passant dans les mains, devenus personnels, changèrent nos relations et notre cognition ; elle mêle donc en elle perception et conception. Ainsi saturé, le personnage se remplit de réel et d'abstrait. Objet, mais encore sujet de pensée.

Ouverture politique ?

Ces personnages peuvent, enfin, s'assembler en un caravansérail où cent voyageurs vont et viennent de toutes parts, en un lieu de vie soucieux du corps, des plantes et des bêtes, en un réseau fluctuant..., bref, en une pantopie, utopie d'aujourd'hui. Donc en une politique. Voici que le troupeau de plus haut, réuni et dispersé dans les alpages, ne s'organise plus sous les ordres du père berger, selon un schéma hiérarchique et pyramidal, mais s'assume désormais de lui-même.

Microcosme, univers à sa mode, le personnage comprend donc, et plusieurs fois, haut et bas, plusieurs multiplicités, ou immenses et plus dures, côté matériel, ou infimes et plus douces, côté information : il résume le monde au large, l'exhibe, le profile et le fait descendre en lui, mais il figure aussi bien l'explosion combinatoire qui, sous lui, travaille à sa survie. Tous ensemble, de plus, ils forment une multiplicité en préparation d'une nouvelle histoire, d'institutions et de collectifs imprévus. D'une nouvelle politique, enfin pleinement démocratique ?

Envoyer ou externaliser

Or donc, Hermès, autre commensal d'Héphaïstos et de Vénus à la table olympienne, puis les anges du monothéisme, enfin la multiplicité des autres messagers s'imposèrent à moi pour répondre à une question concernant, de nouveau, l'invention et la pensée. Porteurs d'information, ne travaillent-ils point à la découverte ? Ils se déplacent, certes, mais, rapides et pressés, où vont-ils ? Qui les envoie ? D'où ? Dans quel but ?

La question exige une réponse longue. Avant que télescopes ou microscopes de tous ordres creusent des puits de regard, comme sapes ou tunnels, dans le monde visible ou dans la vue même, avant qu'ils découvrent, justement, au bout de leurs tuyaux, mille et une figures, étonnantes et nouvelles, reproduisant, par exemple, des atomes ordonnés en couches ultrafines de graphène, des molécules minuscules finement chantournées, des tissus organiques exquisément pliés ou, au contraire, les gonflements géants d'océans, le relief dans les abysses de la mer, les immenses amas galactiques..., avant même les lunettes ordinaires, nous disposions, tout bonnement, de fenêtres pour y voir, et, dans les véhicules, pour visiter ; ou, dans les bateaux, de hublots ronds et de sabords carrés.

Confortablement installé derrière ses hublots, dans le salon du sous-marin *Nautilus,* le capitaine Nemo contemplait les espèces marines défiler le long de la coque, elle-même mollusque ou quasi. Et lui ? Absent de la classification, jeton zéro ou blanc – personne ! –, il incarne la liste innombrable des vivants marins. Là encore, le penseur se métamorphose en la chose pensée. Regards trouant les pages, les dessins illustrant *Vingt Mille Lieues sous les mers* servent de sabords au lecteur ; confortablement installé dans sa propre chaise de lecture, celui-ci voit défiler sous ses yeux, comme Nemo lui-même en son salon, et presque par la même fenêtre, pieuvres et crustacés, requins et cétacés, même un bénitier géant, modèle réduit de la caverne secrète dont nous visiterons bientôt les merveilles, où le héros cultive des perles, en secret au fond de l'océan Indien. De même, par les hublots de la *Columbiad,* Barbicane et Michel Ardan observaient les étoiles et découvraient le cadavre du chien Satellite, mort au décollage et retenu au véhicule par sa minuscule attraction ; perçant à nouveau les pages, les illustrations de *De la Terre à la Lune* me servaient, de nouveau, de fenêtres. Ma grand-mère criait qu'à force de lire, j'étais dans la Lune, que je découvrais grâce au Michel volant.

Au lieu de recopier, telles quelles, les listes des manuels d'astronomie ou d'ichtyologie, mortelles d'ennui, Jules Verne crée des envoyés. Il expédie Nemo sous la mer, Barbicane dans l'espace, Arne Saknussem au « centre de la Terre », pour voir ce que lui ni nul ne pouvaient voir, peut-être même ne pourraient jamais observer, en ces lieux inaccessibles. «Revenez le raconter», semble-t-il dire. Alors, rentré de voyage, le conteur incarne ainsi la synthèse des savoirs en route recueillis. Autant de messages dans le messager.

Penser, inventer ou produire suppose un mouvement, un acte de sortie, d'extraction, comme de gésine, ici, d'expédition, de détachement ou d'envoi, de poussée en avant, d'externalisation. Le berger, lui aussi, conduit son troupeau, le pousse en avant, le produit au sens littéral – il envoie ses chiens devant. L'évolution même pousse ses enfants vers le contingent à venir. Ainsi, la mère en travail de gésine pousse. On envoie, on expédie un messager ou un message, on peut aussi devenir soi-même délégué. Mon père me dépêchait sous la drague pour en examiner la sole et ses défauts ; il me faisait plonger sous l'eau pour repérer l'épave d'un bateau coulé dont la coque désarticulée dormait sur les cailloux du fond, et il fallait capeler autour d'elle une manœuvre pour la repêcher. Je revenais ruisselant rapporter le renseignement ou le bout du câble.

Retour de son voyage interplanétaire, Arlequin s'entend interpellé par dix questionneurs. «Comment allâtes-vous là-bas ? Qu'y vîtes-vous ? Que revenez-vous nous apprendre ?» Son manteau bigarré exprime le disparate saturé de ses réponses. Et saviez-vous qu'il était devenu, là-bas, Empereur de la Lune ? À l'ébahissement de ses auditeurs, ce tyran de pacotille répond doctement : «C'est toujours et partout la même chose, aux degrés de grandeur et de perfection près.» Voilà, justement, le mot qu'aimait citer Leibniz, qui travaillait à unifier le multiple ; voilà, surtout, la réponse de Pierrot lunaire, habillé de blanc. Le composite devient homogène, tout redevient lisse : le messager synthétise les messages.

Anges messagers

Comme tel romancier ou ce dramaturge comique dont le génie avait ainsi saisi un geste décisif de l'invention savante, Laplace avait, lui aussi, envoyé un dieu s'assurer d'une information, d'une synthèse assez complètes à un moment donné, pour en déduire, au total, la suite des temps, déterminée à partir d'elles. Hadamard, Duhem et Poincaré démontrèrent, un siècle plus tard, que ce démon extralucide mais inaccessible ne pourrait jamais obtenir une telle assurance, ouvrant ainsi le règne du chaos et de la contingence, l'instabilité de notre monde, boiteux et gaucher. Ampère avait, lui encore, dépêché son bonhomme pour mettre les pieds dans les fils des courants électriques, pour orienter leur champ. De même, Maxwell avait expédié son microdémon vers un nanoguichet, pour y compter les mouvements de sortie et d'entrée accomplis par des molécules infimes, inaccessibles à la vision de l'envoyeur.

Lorsque les hublots et les lunettes, lorsque des téléscopes et les microscopes, même raffinés, ne suffisent plus, le curieux, le conteur, le savant, le théoricien… emploient des envoyés. Capitaine au corps des courriers du tsar, Michel Strogoff comparaît au Kremlin : «Allez donc en Sibérie, ordonne l'empereur, y voir ce que font les Tartares et y réparer ce qu'ils détruisent!» Deux journalistes le suivent. «Partez sous la mer, dans l'espace, descendez les cheminées des volcans, pratiquez un regard dans l'enceinte isolée fermée des thermodynamiciens… pour y voir ce que je ne peux voir et revenez vite me le dire. Courez, chiens de berger, aboyez pour empêcher que les agneaux se noient! Allez naviguer en Méditerranée, Ulysse, et revenez à Ithaque, porteur du portulan que tisse et défait Pénélope jour et nuit; courez caresser Bérénice, Titus, et revenez déclamer en public et en vers alexandrins ce que coûtent à la chair les amours déchirées; pleurez en veuvage, Andromaque, et regardez mourir ceux que vous tuez par devoir de mémoire; partez pour le combat, Seigneur Cid; expérimentez l'avarice, Harpagon; courez les routes, Jacques, en compagnie de votre maître; souffrez en paternité, Goriot; explorez Carthage, Salammbô...!» Les personnages de littérature ne se conduisent-ils pas, eux aussi, comme délégués, messagers, comme autant de chiens autour du berger? L'auteur les dépêche pour voir ce qu'il ne pourra jamais examiner de près. Il se dédouble, il s'externalise, de sorte que cet autre, ce lieutenant, se met à écrire à sa place. Lieutenant de pensée, l'envoyé tient lieu d'auteur.

Tous ces personnages se conduisent comme des archanges – «Allez escalader l'échelle céleste, légions d'anges, et revenez, en la désescaladant, rapporter à Jacob ce qui se passe très haut; plongez dans l'eau, Archimède, et revenez courir tout nu les rues pour annoncer aux badauds la poussée qui produit le roulis; sortez de la ville et de la politique, allez en Évangile parmi les fleurs, les loups et les oiseaux des champs, François, pour vivre avec les pauvres et tenter de changer les vieilles institutions!» –, se conduisent, dis-je, comme des Hermès, comme des microscopes incarnés, comme des diables à la Maxwell, comme le télescope *Hubble* envoyé dans le ciel par les fusées de la Nasa, comme Ulysse ou Énée, spéléologues mandés par Homère ou Virgile, pour descendre, après Orphée, aux Champs Élysées, mieux encore, comme les voyageurs de *La Divine Comédie* eurent la chance de voir de leurs yeux de chair Paradis, Purgatoire et Enfer, comme Théodore dormant et touché d'un rameau d'olivier, envoyé par Leibniz à la cime d'une pyramide d'où l'on voit les mondes possibles, comme d'Alembert rêvant, expédié par Diderot pour révéler le secret de la vie… Alors, *da capo*, ces anges, réveillés, reviennent de voyage, saturés de messages, tous prédécesseurs des moteurs de recherche naviguant sur la Toile.

Ego à nouveau du nouveau *cogito*

Rions donc des efforts déployés à l'école pour expliquer l'œuvre par l'histoire, par l'entourage économique et politique…, alors que : « Madame Bovary, c'est moi ! » Gustave Flaubert le crie sur tous les toits. Il se dédouble, il s'externalise. Oui, mon personnage signe mon roman ; oui, mon double, mon envoyé, voilà l'auteur ! *Ego cogito*, par dédoublement de ma propre figure ; oui, je pense donc je suis mon ange gardien, celui que je ne cesse d'expédier pour aller chercher fortune dans le monde. J'invente et pense de mon corps, de ma chair, ainsi dédoublés, ainsi incarnés, comme objectivés. Penser : accoucher de soi ? Se métamorphoser en sa presque identité ? Nous pensons à deux !

Comment, de même, écrire une morale sans l'externaliser en personnages et récits, en *Nouvelles du monde* ? En supposant donc aussi que chacun se construit avec le monde. Autrement, qui faudrait-il être ou devenir pour avoir, sans hypocrisie ni paranoïa, l'audace de proposer préceptes et règles qu'on ne serait jamais sûr d'observer soi-même ?

Ainsi tous mes personnages volent-ils à tire-d'aile séraphique. Je les expédie et ils reviennent de mission, chargés de visions, pour écrire mes livres. Bien des titres d'ouvrages valent signature. Je passe aux aveux… Oui, je vis dans une ombre sotte où l'erreur et sa sœur l'ignorance me hantent : « Pantope, Hermès, Atlas, partez donc en intelligence et revenez, brillants, m'enseigner ce que vous venez d'apprendre ! » Je tâtonne dans l'obscurité : « Incandescent, courez vous plonger dans la lumière et rentrez à la maison me faire partager vos intuitions éblouissantes ! » Je patauge en raideur archaïque : « Allez donc en information, moteur de recherche et, Poucette Petite, et rentrez vite m'instruire ! Rapportez-moi des nouvelles, pour que nous construisions du nouveau ! »

Détachement, voilà le nom donné au corps de mes courriers. Leur mobilité souple et rapide les rend tellement plus intelligents que moi, plus savants, plus instruits et raffinés, meilleurs, plus heureux, plus riants, mieux bordés d'amour..., que je les supplie souvent de rédiger, à ma place, les plus heureuses de mes pages... et j'écris celles-ci pour rendre grâce à ces personnages, à mes anges gardiens, messagers d'inventions et de pensées.

Mes trois tours du monde

Sans ces messagers, comment eussé-je osé projeter l'obligation philosophique de voyager trois fois autour du monde ? Comment, sans eux, visiter toutes les mers et tous les continents, apprendre et comprendre la totalité des sciences, vivre enfin avec les femmes et les hommes de tous les collectifs, de toutes les cultures ?

Voici deux archanges efficaces : le manteau d'Arlequin dessine à merveille les informations disparates qu'il rapporte à son retour de la Lune où il occupa le trône d'empereur ; la tunique de Pierrot lunaire, toute blanche, redessine à l'opposite la limite de ce chaos d'informations, sa synthèse abstraite. Où envoyer mes deux messagers ? Non vers la Lune, mais à travers les temps du Grand Récit.

Le tohu-bohu arlequiné des sciences humaines et la simplicité blanche et réductrice des sciences exactes paraissent contradictoires si l'on ne suit pas ce cours grandiose, où les atomes et les choses, les bêtes et les plantes, les personnages et leur histoire prennent rang, place et signification croisée. Pensifs, inventifs, nous autres humains produisons des cultures qui inventent des sciences qui comprennent l'Univers dont le Grand Récit nous produit comme humains pensifs ou inventifs.

APPAREILLAGES

Nous n'envoyons point à distance seulement des personnages comme Hermès ou Michel Strogoff ; nous expédions donc aussi des messages. Devenus experts dans l'adoucissement, dans la propagation des ondes messagères, dans leur fiabilité, leur efficacité, nous avons appris, certes, à mieux communiquer, mais surtout à œuvrer au loin. Travailler, de nouveau ; mais par quels moyens ? Nous savons ramasser des cailloux sur la Lune au moyen de robots et de pinces commandés de la Terre. Nous avons même plus ou moins effacé l'espace métrique pour construire un espace topologique de voisinages. Le doux se met à concurrencer le dur. Voilà deux sens divergents du verbe produire : inventer, faire émerger, envoyer, lancer au loin toutes sortes de choses, signes ou personnes.

De la même manière, je n'accouche pas seulement de moi-même, d'un ange gardien, de mon quasi-jumeau, encore d'un personnage ; mais d'étranges objets, devenus familiers, sortent aussi de nous, et en particulier de notre corps : ces choses, d'abord dures, appareillent de lui et vont chercher fortune dans le monde. Le corps invente, il produit. Voici : de l'avant-bras et du poing fermé, je peux frapper. Mais ma faiblesse ne me permet ni fort secours ni grand travail. Mieux vaut que mon membre supérieur me quitte, se dédouble en quelque façon et, en se démanchant, devienne manche de bois ou de fer ; ainsi, par une même opération, ma main se fera dense en masse, ou de pierre ou de métal. Et voici qu'apparaît un marteau, appareil né de mon bras et de mon poing, appareillé d'eux et pareil qu'eux. Cet objet envoyé, cette objectivation, cette sortie du corps, cette poussée en avant, cette naissance, je l'ai appelée, en langue française, précise en ce point, appareillage, d'un terme maritime dont l'emploi précise le moment où le bateau, quittant le quai, prend la mer et va chercher fortune au large. Il jaillit et se pousse en avant : oserais-je dire qu'il émerge ?

Les articulations de mes chevilles, genoux et hanches ne cessent d'accomplir autant de rotations, grâce auxquelles je marche, cours et me déplace. Mais ma faiblesse ne me permet ni grands voyages ni portages massifs. Mieux vaut que ces roulements me quittent, se dédoublent en quelque façon, s'objectivent, s'externalisent, appareillent donc, se rassemblent enfin dans une sorte de cercle : voici la roue, appareillée de mes rotules.

Sans doute notre corps vivant produit-il des appareils, des objets techniques, comme le monde produit des corps vivants et inertes. En relais ?

Machines simples et machines à feu

Ainsi les objets techniques sont-ils, eux aussi, des envoyés, des messagers, mais ce ne sont ni des personnages ni des messages, plutôt des choses dures, exactement appareillées, des appareils détachés du corps et pareils à telle ou telle fonction, alors externalisée, alors objectivée. De mon bras et de mon poing externalisés, je frappe à la masse ; de mes articulations objectivées, je roule ma b(i)rouette, à une ou à deux roues. D'où viennent nos vêtements ? De la peau et des poils, de même externalisés. Le biberon ? D'un des seins objectivé.

Ces sorties changent le temps. Je me débarrasse ou me vêts en moins d'une minute de cette fourrure, alors qu'il faudrait attendre la belle saison pour que, naturellement, la toison disparaisse, ou l'hiver pour qu'elle repousse. De même, en l'absence de la mère, le père ou un passant donne à téter un biberon à un enfant ; et même en remplissant ce sein artificiel d'un autre lait que celui de la maman. Alors, la durée se transforme, s'assouplit, s'abrège, s'accélère, peut aussi se ralentir ; bref, se met à courir une sorte d'exodarwinisme des objets techniques, ainsi appareillés, ainsi externalisés du corps, améliorés parfois, quelquefois délaissés, adaptés à leur façon, exigeant aussi l'adaptation de leurs utilisateurs, soumis donc à une évolution à rythme original et parfois la commençant. Dès la pierre taillée, dès la première flèche, dès le feu primitif, naît une autre histoire humaine, bat un autre temps, aussi décalé que le *tempo* de mon déshabillage comparé à celui des saisons. La culture propre à *Homo sapiens* appareille ainsi ou bifurque des durées dites naturelles pour en devenir de plus en plus indépendante. Cet exodarwinisme montre que, depuis fort longtemps, l'humanité a su prendre le geste même de l'évolution, qu'elle a su plonger dans le flux vital inventif, comme je le recommande, pour qu'appareillent de l'espèce les objets initiaux de sa culture et de son temps original. C'est ainsi que nos corps accouchèrent d'abord de notre préhistoire, puis de l'histoire.

Les machines simples – leviers, treuils, câbles, poulies et réas, ailes des moulins… – quittent le squelette, les os, tendons et articulations, les muscles, leur force et leur tension, bref, l'anatomie de charpente, dure. Les machines à feu appareillent, quant à elles, du milieu intérieur, de ses circulations, de notre chaleur interne, productrice d'énergie, bref, de la physiologie. La révolution industrielle objectiva ainsi la famille des moteurs, les animaux et nous étant, depuis toujours et au sens propre, des automobiles. J'ai dit ailleurs combien je regrettais que nos véhicules, durs encore de coque au-dehors, comme cuirassés de l'extérieur, imitassent les insectes et les crustacés, bêtes archaïques et non les plus récentes, qui inventèrent de cacher leur dur à l'intérieur et de risquer leur mou dehors. Avions, locomotives et automobiles miment homards ou bousiers ; dans nos rues défilent des cortèges d'arthropodes. Mollusques, nous habitons des coquillages. Quel retard !

Saint Denis décapité

Voici venu le moment où cette objectivation concerne le système neuronal, d'où appareilla l'ensemble des réseaux sur lesquels circulent des tsunamis de messages, concerne donc les fonctions cognitives, bref, ce que l'on convient d'appeler la pensée. Voici l'âge doux ! Le personnage héros de cette nouvelle externalisation se nomme saint Denis, dont Jacques de Voragine, dans sa *Légende dorée*, raconte le supplice. Décapité par un centurion romain venu l'arrêter à l'époque des persécutions subies par les premiers chrétiens, l'évêque de Lutèce resta debout, se pencha vers le sol, prit sa tête entre ses mains pour la transporter en haut de la butte Montmartre. Miracle?

Voici: les traités de philosophie enseignés dans ma jeunesse décrivaient la connaissance humaine en la référant à trois facultés: mémoire, imagination, raison. À cette époque proche, mais si archaïquement lointaine qu'elle date d'avant la naissance d'Hermès et de Petite Poucette, il allait sans dire que ces trois facultés hantaient le cerveau, les neurones, le système nerveux, notre tête interne.

Considérez maintenant votre ordinateur, posé sur la table, face à vous et sous vos mains: muni d'une mémoire colossale, sans comparaison avec la mienne ou la vôtre, armé d'un moteur de recherche qui présentifie le souvenir quasi instantanément; dense d'un nombre aussi gigantesque d'images; équipé enfin de logiciels capables de résoudre mille calculs et opérations que ni vous ni moi ne saurions mener à bien… N'objective-t-il pas, en quelque sorte, les trois facultés d'antan? Ne tient-il pas une sorte de milieu entre vos connaissances propres et celles, collectives, d'une bibliothèque? Lesdites facultés ne viennent-elles pas, de nouveau, d'appareiller, de sortir du corps, de s'externaliser? Nous voilà décapités, comme l'évêque de Lutèce. Produite, au sens fort, notre tête roule devant nous et nous la tenons entre nos mains. Le miracle prévisionnel de *La Légende dorée* a eu lieu. Appelez Denis votre machine.

Chose fort nouvelle, certes, mais moins qu'il y paraît. Car, peu de temps après l'invention de l'imprimerie, Montaigne déclara qu'il préférait une tête bien faite à une autre, bien pleine. Que voulait-il dire? Avant Gutenberg, celui qui s'adonnait à l'histoire devait savoir par cœur Tite-Live,

Tacite et Salluste, latins, Hérodote et Thucydide, grecs, plus quelques chroniqueurs médiévaux, puisque aucun de leurs textes n'était disponible ailleurs que dans des bibliothèques lointaines, sous la forme de manuscrits et d'incunables, assez fortement inaccessibles. Qui étudiait la physique devait garder en mémoire Aristote et les mécaniciens grecs... L'invention du livre imprimé vida soudain la mémoire de ces historiens, de ces physiciens, de ces philosophes, de tant d'autres, soulagés de pouvoir lire les ouvrages correspondants, à portée de main dans la fameuse librairie de Montaigne. Économie formidable de mémoire : il suffisait de se souvenir de la place du livre au milieu des rayonnages. L'appareillage de la tête avait déjà eu lieu, la mémoire de jadis gisant désormais parmi ces volumes et leurs pages accessibles à loisir. La tête bien pleine se trouvant posée là, externalisée sur les rayons, mieux valait, dès lors, s'occuper d'autre chose que de mémoriser. Modeler la tête, la parfaire, et non plus la remplir.

Avant même cet appareillage, l'invention de l'écriture avait déjà objectivé au moins la mémoire. La gravure des messages, par traces sur le marbre, les peaux de veau ou de mouton, vélins ou parchemins, sur le papier enfin, lança même, par externalisation de l'une de nos fonctions cognitives, le début de l'histoire, discipline qui expulse avec férocité de son domaine culturel les peuples sans écriture.

Comment se fait-il que tant de philosophes, traitant de la pensée, de la raison ou de la connaissance, passent si souvent sous silence ces objets techniques indispensables, intégrés même à ces exercices, comme la tablette et le style, la plume et le papier bible, le livre et l'imprimerie, l'écran, la console, en somme l'ordinateur qui, déjà vieux, s'ouvre encore comme un livre et se lit ou s'écrit comme une page, comme si l'informatique en était restée à l'ère précédente ? Autant célébrer le pragmatisme en omettant outil et machine. Car nos trois états de la connaissance suivent les trois avatars du couple support-message : corps-voix, page-écrite ou imprimée, matériel-logiciel.

Penser, inventer

À considérer ces têtes externalisées, se pose une question, renouvelée des *Essais*. Que reste-t-il sur nos cous, décollés comme celui du saint évêque de légende ? Aucune des facultés, toutes trois descendues, décapitées, appareillées, objectivées… dans la machine devant nous, sur la table. La tête aux trois facultés anciennes se trouve posée là, devant. Poussée là, devant ; produite comme un objet. Dès lors, si penser signifie inventer, restent au-dessus du cou coupé l'intelligence, l'intuition, l'innovation, la pensée elle-même. Nous voilà enfin débarrassés des références qui encombraient jadis les livres érudits – notes en bas des pages, index et bibliographie, cuirasses et boucliers défensifs, protection rapprochée, copiée-collée – de nos savantasses citateurs. Les connaître reste nécessaire, mais le mimétisme a les limites de l'apprentissage, celles de la formation.

L'ordinateur devient alors le meilleur des filtres d'inventivité. Son savoir colossal tamise finement notre désormais docte ignorance, la clarifie, l'affine, oui, la purifie. Dans la machine gisent les questions virtuellement résolues ou ce que l'on pourrait nommer l'information morte ou, du moins, dormante. Tête coupée, cette boîte dit en silence : « Savoir, c'est se souvenir. » Ce qui reste sur le cou se met à crier : « Penser veut dire inventer.» Jaillies de ce reste, ces pages le crient. Bonne nouvelle : nous voici condamnés à devenir intelligents, aussi intelligents que le monde des choses, que l'évolution vitale, qu'Archimède émergeant de son bain, qu'une mère en travail de gésine...

Les personnages émergent en fin d'analyse

Autrement dit, nous pouvons indéfiniment former un algorithme pour résoudre les problèmes posés par ce qui peut s'analyser, par tout ce qui, ainsi, devient calculable ou codable. Estimons donc la pensée analytique en voie d'extinction. Opératoire, elle réside, au moins virtuellement, dans la tête coupée, externalisée, objectivée, artificielle ou mécanisée. Elle se comporte comme un instrument de musique sur lequel nous pouvons composer ou jouer n'importe quelle partition. Pourquoi donc penser par figures et personnages ? Parce que ces synthèses se présentent devant nous comme des réponses émergentes et vives, comme des naissances ou des nouveautés à venir, comme un avenir de la pensée. Ainsi invente-t-elle comme évolue la vie et comme procède le monde : les trois créent.

Au Panthéon de Paris, à la fin du XIXe siècle, Léon Bonnat, pur pompier, peignit, sur les parois, le supplice de saint Denis. Le vieil évêque se penche pour, des deux mains, se saisir de sa tête, chue à terre. De son cou coupé jaillit une lueur quasi électrique dont les rayons vifs éclairent le bas du tableau. En gloire, voilà l'invention, la puissance, le potentiel producteur, l'origine du flux productif, l'éventail lumineux de sa corne d'abondance. Voilà, en gloire, le personnage lui-même qu'exhibe et souligne cette auréole éclatante de penseur.

Cogito, cogitamus

L'intelligence artificielle date donc d'une haute antiquité humaine : la voici, sortie des membres, dans la roue et la masse, dans les habitats et les toits de tous types, sortes d'exosquelettes, dans les fourrures et manteaux, peaux et poils, cosmétiques et pommades, dans la pierre polie et taillée, dans l'airain et le bronze coulés, dans les foyers ou les moteurs, par les inscriptions gravées dans le marbre et les graffitis sur les murs, dans les livres des bibliothèques, enfin sur la Toile et dans les ordinateurs.

Nous ne cessons de penser confrontés à des notions publiques maintes fois sommées, autant de fois objectivées, intimes et externalisées. Je pense en communion avec ce *nous* et le *cela*. Je pense et ces choses-là pensent en moi et avec moi, je ne pense pas sans cela. Mais si je pense vraiment, je tourne le dos à ces traces, à ces reliquats. Je laisse ces envoyés chercher fortune dans le monde. J'en mets ma tête à couper.

Penser, inventer, c'est-à-dire produire

Da capo : plonger dans le flux pour faire comme lui. Mais que fait-il, ce monde, que fait-elle, cette vie, que fait l'invention, que fait la pensée, sinon produire ? Dix fois répété, ce verbe dit : faire exister, fructifier, fabriquer, lancer, expédier…, externaliser, objectiver. Comment nommer les envoyés de tantôt, personnages comme Hermès, cosmonautes bientôt, divins comme les anges, doux comme des messages, durs comme les objets techniques, roue et marteau… Comment les appeler sinon par un nom issu de ce verbe : produits, productions, projections, éjections, éjaculations, fruits de gésine, d'éclosion, de génération, de jaillissement..., œuvres. Jeté dessous, le sujet produit un objet, jeté devant ; jeté, expulsé, comme par le travail de la parturiente. Et penser produit ce jet.

La mathématique déduit ; physique, chimie, biochimie, biologie... induisent ; la philosophie produit, c'est-à-dire anticipe. Pour cela, je remonte au début du Grand Récit, et cette reprise éclaire la culture nouvelle de Petite Poucette et la culture tout court, celle de la pensée inventive ; j'interroge même le chasseur-cueilleur que nous fûmes pour mieux comprendre l'habitant des nouveaux espaces tissés par la Toile. Ce livre, la pensée bâtissent donc un pont gigantesque dont la portée survole un fleuve de millions d'années.

Rétroaction : il pourra se faire que les objets ainsi appareillés fassent retour au lieu de leur naissance, comme si l'enfant revenait vers la mère. Miniaturisés, certains de ces appareils cognitifs pourront s'implanter dans le corps, comme d'autres, déjà, dentier ou orthopédie. Retour, en boucle, des envoyés au bercail ; retour des enfants prodigues, des produits vers le producteur. L'incorporation correspond en boucle à cette externalisation.

Des interférences

Soit, maintenant, à décrire en détail les voyages de ces envoyés. Sous le titre *L'Interférence*, le deuxième *Hermès* décrivait, dans les sciences, l'importance et la fécondité de l'interdisciplinarité, cet autre type de synthèse à partir d'un disparate préalable, somme souvent inventive. Un article sur le tissage à la Pénélope, puis *Le Tiers-Instruit* affinèrent cette intuition. La configuration des techniques et de la société en réseaux permit, depuis, de mettre en place et de traiter les problèmes qui se posent désormais, presque tous, transversalement aux partages de tous ordres et défient les anciennes analyses.

Or, les entreprises comme les gouvernements se divisent encore en ministères, services et bureaux, alors que n'importe quelle question touche, aujourd'hui, l'ensemble connexe de leurs spécialistes. Le problème du chômage, par exemple, concerne l'agriculture et l'industrie, les finances et le budget, l'éducation, le logement et la santé, les jeunes et les personnes âgées, la retraite et la sécurité, la France et l'Europe, le commerce extérieur et les affaires étrangères, le rapport des humains à la planète, plus les citoyens, indépendamment de tout gouvernement. L'obsolescence de nos institutions tient en partie à cette division analytique qui empêche non seulement de voir dans leur ampleur les questions que pose la réalité présente, mais aussi de répondre aux urgences. Indispensable en politique, l'interministériel n'est pourtant pratiqué qu'à la marge. On voit, çà et là, se former des instances et projets interprofessionnels...

Indispensable aux sciences, l'interdisciplinarité, quant à elle, peut aller jusqu'à une traversée quasi complète de l'ancienne classification. On peut la voir fonctionner partout, des questions touchant les matériaux à celles, par exemple, de l'écologie, dont les synthèses larges exigent mathématiques, physique et chimie, biologie et biochimie, géophysique et pédologie, sciences de la vie et de la Terre..., en une interpénétration si dense que l'on rêve sans espoir de voir les militants politiques dont le drapeau vert porte le même mot, en connaître, au moins, une part infime. L'installation de réseaux en tous genres favorise ces diverses traversées, qui enjambent les analyses et préparent les synthèses.

Je mentirais si je n'appliquais point ces traversées à la pensée, souci de ce livre. Requérant, depuis sa fondation, l'ensemble du savoir, la philosophie doit pratiquer les mêmes interférences que la science du monde ou les pratiques sociales. Elle ne peut donner à penser, aujourd'hui, sans que retentissent ensemble notions, choses ou personnes issues de l'histoire, du droit, de la technique, de la science et de la religion, et sans qu'elle-même les traverse.

Retour aux fétiches

Exemple concret d'un tel retentissement. Qu'est-ce, à nouveau, qu'un fétiche, l'ancêtre du chérubin, à Babylone, ou le serpent à plumes, à Tenochtitlán, l'ancien nom de Mexico ? Une double nature : d'une part, le voici peint, sculpté, modelé de main d'homme ; d'autre part, d'autres humains, ou même les mêmes, chose étonnante, se prosternent devant lui, comme s'il était doué d'une puissance et d'une volonté propres. À la fois construit et donné, voilà une chimère donnant lieu à un archaïsme naïf. Païenne, cette conduite témoigne-t-elle d'une contradiction et d'une sottise ? Impossible, dit-on d'autre part, et à première vue plus profondément, mais, en fait, de la même façon, de réconcilier les réalistes, qui croient au donné tel quel, avec les idéalistes, qui savent démontrer que tout donné revient à ce qui est construit par la représentation. Donné, construit, le réel se réduit-il à un fétiche ?

Voici. Les anciens Grecs distinguaient volontiers les choses qui dépendaient de nous de celles qui n'en dépendaient point ; nous dirions aujourd'hui qu'ils séparaient justement le donné du construit. Par exemple, la bâtisse que je monte et le sillon que je creuse, d'une part; la pluie et le vent, de l'autre; j'ai du pouvoir sur la terre et la pierre, le ciel a pouvoir sur moi. Or, dès l'aurore de l'Europe moderne, nos prédécesseurs décidèrent que devaient croître les premières et que s'effaceraient, du coup, les secondes; ils projetaient que nous nous fissions « comme maîtres et possesseurs de la nature ». Pendant quelques siècles, en effet, nos espoirs, nos projets, nos savoirs, nos travaux, sciences et techniques réunies, exécutèrent à la lettre ce programme et y réussirent. De plus en plus de choses dépendirent de nous, même la santé, l'espérance de vie ou l'espace et, récemment, ce qui eût stupéfié mes pères paysans, le climat; de moins en moins restèrent aux mains de la nécessité, hors de notre emprise.

Or, voici que nous autres, contemporains, venons de découvrir, récemment, comme un résultat de cet effort séculaire, qu'à force d'appliquer ce précepte, nous finissons aujourd'hui par dépendre des choses qui dépendent de nous. Nous vivons et pensons, inquiets, dans cette boucle d'interaction, en ce cercle devenu presque vicieux. La Terre, les océans, les forêts, l'atmosphère, la pluie et le gel..., anciennes données qui ne dépendaient pas de nous, dépendent, en effet, désormais, de nos savoirs, techniques et travaux, de nos industries, de notre agriculture. Or, comme en retour, notre destin dépend de ces masses qui, transformées par nous, réagissent violemment, sans et contre nous, tout se passant comme si elles se trouvaient douées d'une puissance et d'une volonté propres.

De plus en plus façonnée par nos pratiques, la Terre demeure un donné qui agit en retour de nos projets ou réalisations, comme en boucle; modelée de nos mains, elle se conduit aussi comme si elle était douée d'une puissance transcendante par rapport à nos manigances : façonné, mais semblant agir indépendamment, voilà, exactement, un fétiche. Cela même qui fut, jadis et naguère, impossible à concilier, construit et donné dans la pratique, réalisme et idéalisme pour les théories philosophiques, se trouve là, devant nous, non seulement réellement soudé, mais urgent, parfois tragique. Planète : labo, habitat et autel !

L'intuition fine d'Auguste Comte, qui, à la fin de sa vie, et sous les rires critiques, nomma notre Terre le Grand Fétiche, anticipait notre nouveau monde.

LE GAUCHER BOITEUX

Ses écarts à l'équilibre produisent du mouvement

Au moment d'une métamorphose, au seuil d'un monde nouveau, à l'entrée d'un passage risqué, au moment d'une invention, combien de héros montrèrent une dissymétrie de déambulation, fétiches à double corps issus de l'ancien monde et inclinés vers la nouveauté ? Image chirale, pied fourchu, ils bifurquent. Gauchers, ils peuvent boiter. Séduits par une autre route, ils dévient, s'égarent et produisent. *La Traviata* prend-elle la mauvaise route ? Hercule lui-même, dit-on, branla entre vice et vertu. Par quels chemins sans traces dans le désert Moïse conduit-il son peuple en Exode? Mais comment font-ils? Ne voyez-vous pas qu'ils portent dans un corps difforme le point nodal de la bifurcation? Voici mes nouveaux héros.

Œdipe aux pieds enflés descend de Labdacos, dont le nom signifie «boiteux», «dissymétrique», comme les deux jambages, l'un court, l'autre plus long, de la lettre grecque lambda. Inventeur de la physique antique, Empédocle disparut dans la fournaise de l'Etna en laissant, dissymétrique aussi, seulement une sandale sur un bord du cratère, vomie par une éruption. Initiateur mythique du savoir rigoureux, Pythagore se tenait en déséquilibre sur une cuisse d'or. Prêt à changer de monde au seuil des Enfers, Ulysse portait une cicatrice à la jambe. Bossu et difforme, forgeron génial, inventeur mythique de robots et de cybernétiques, Héphaïstos, qu'Homère dans *L'Iliade* (XXI, 331) nomme κυλλοποδιωυ, Cyllopode, Boite-Bas; je ne le sache pas gaucher, mais il le mériterait. Voilà donc le thème grec.

Voici la version latine, où Horatius Coclès, borgne à peu près comme Michel Strogoff, et Mucius Scaevola, gaucher quasi manchot, accompagnent leurs exploits guerriers d'une dissymétrie de corps. Voici enfin la geste biblique: toute la nuit, Jacob lutta contre un ange et peut-être contre Dieu qui, à l'aurore, lui toucha, dit la *Genèse*, le nerf de la cuisse; il en resta claudicant. Inventeur des Temps modernes, saint Paul dit de soi: «avorton à la chair traversée d'une épine».

Le schéma correspondant

Comme l'éclair, l'invention bifurque; ainsi gouverne-t-elle l'Univers. Lorsque Léon Brillouin définit l'information comme exception rarissime à l'entropie ; quand Pierre Curie lança, pour la première fois, l'idée d'asymétrie ; lorsque Pasteur médita sur les cristaux énantiomorphes ; lorsque, avant eux, Lucrèce décrivit le *clinamen*, inclinaison, bifurcation, nanorameau, rupture de symétrie au niveau des éléments premiers, comme constitutifs des choses..., ne schématisaient-ils pas, ne résumaient-ils pas, n'adoucissaient-ils pas d'antiques figures, le corps de ces mythiques aventuriers, toujours en écart à l'équilibre, gauchers, bifurquant eux-mêmes de leurs membres ?

Lorsque nous faisons l'éloge d'opérateurs négatifs : l'absurde, d'où sortit la première démonstration rigoureuse ; la falsification, qui permet l'exactitude ; l'erreur, qui seule ouvre le progrès ; l'inhibition, d'où émergent les souches ; les blocages à lever, au sens d'Olivier Houdé..., ne formalisons-nous pas, n'adoucissons-nous pas ce qui, dans le corps, apparaît comme gauche ? Quoique légèrement, nous sommes tous assez asymétriques de corps, mais aussi énantiomorphes du visage, des deux mains, des épaules et des seins, pour devenir des inventeurs.

Je pense, donc je bifurque. Déjà gaucher, j'ai risqué l'hémiplégie : je claudique doucement. L'instabilité précède l'existence. Ce mot même désigne écart à l'équilibre, cela, précisément, qui produit du mouvement.

La déclinaison

Que nous pensions selon le Grand Récit ou selon une évolution inerte ou vivante ne cessant de bifurquer ; que l'innovation pensante prenne toujours un autre chemin par rapport à ce qui précède, exode plus que méthode ; que, gaucher maladroit, le penseur boite…, toutes ces ramifications, Lucrèce les résuma en quelques vers latins, voilà plus de deux millénaires.

« Éternellement, dit-il, les atomes tombent dans le vide, parallèlement. » Jamais rien de nouveau selon cette figure. Qu'est-ce, alors, que l'innovation, l'émergence, oui, la création ? Un changement de sens dans cette chute morne, prévisible, sans information. Car cette déclinaison, aussi minime soit-elle, permet à certains éléments de se rencontrer, de se combiner, de former quelque chose d'imprévu – molécule, cristal, cellule… Je ne dis rien d'autre que ce *clinamen*.

La pensée incline. Sans crier gare, en des lieux et des temps incertains, elle change brusquement de direction, parfois de façon infime. Elle ne découvre, ne trouve, ne crée que par cette déclinaison, ramification, bifurcation, rupture de symétrie. Homogène, la chute répète ; la déclinaison, divergente, court la chance d'inventer.

Lucrèce a dessiné le premier ce schème élémentaire en forme de Y ou de rameau. Louis Pasteur, Pierre Curie, mais aussi les néodarwiniens, les atomistes récents, mais aussi les physiciens d'une thermodynamique de l'écart à l'équilibre, bien d'autres encore, l'ont enrichi et précisé. Rien n'a été dit de plus simple et profond sur l'émergence des choses, l'advenue des vivants, le temps contingent du monde. Reprenant cette déviation, mais la déviant vers l'acte de penser, *Le Gaucher boiteux* descend de ce lignage.

Le changement de direction lance la pensée en un risque majeur. Difforme, monstrueux aux yeux des habitués, l'étrange nouveau-né, ainsi formé ou déformé, peut mourir, certes, ou se trouver éliminé – Darwin l'a prédit – ou, souvent, ne pas être vu, mais, dense d'avenir, il peut aussi porter mille promesses et ne devenir actif et visible que longtemps après l'aube de l'événement et l'oubli de son auteur. Voilà pourquoi, rejeté parfois et souvent méconnu, celui-ci survient sur des pattes de colombe ou comme un voleur dans la nuit.

Nul ne prévoit l'invention ni ne la prépare. Elle vient d'ici ou de là, elle tombe ici ou là, *incerto tempore, incertisque locis…*, comme l'éclair fourchu dont Héraclite a dit jadis qu'il gouverne l'Univers.

Modèle général

Comme les masses les plus importantes ont une inertie d'autant plus grande qu'elles croissent, le modèle de la chute parallèle des atomes ne se trouve pas installé de manière nécessaire ni de toute éternité ; il provient simplement de cette inertie globale. La vieille idée de l'avancée linéaire de l'histoire ne fait que traduire l'erre entêtée de ces grosses masses inertes. Habitudes et traditions, paresse, vieillissement, repos, la mort même font qu'elles vont se répétant. Je change l'abstraction des atomes qui tombent en la pluie banale des usages.

En ce volume homogène, global et constant, de multiples petits filets descendent localement et, çà et là, stochastiques, bifurquent. Dans l'espace et par le temps naissent donc nombre de turbulences en désordre et dispersées ; invariant dans son ensemble, le volume devient, à l'intérieur, un ensemble chamarré, un kaléidoscope, un manteau d'Arlequin. Nul ne peut voir clair dans ce chaos. Mais que se multiplient ces changements locaux et le volume peut s'en ressentir, d'autant qu'ils abondent et qu'en gros font une somme. La direction globale peut s'en trouver affectée. Alors, l'histoire branle, se dirige tout autrement, et tout le monde voit le changement qui change le monde. Hésitation : indépendantes, divergentes, ces milliers d'inclinaisons locales peuvent, évidemment, ne pas se solder par une réorientation globale. Au contraire, il suffit que, en nombre seuil, elles se dirigent ensemble sous un même angle pour entraîner ailleurs la conduite globale. Difficile à décider, la prévision historique reste donc le plus souvent hors de portée. *Le temps ne coule pas, il percole.*

Soit un vol d'étourneaux chahuteurs, soit un banc à millions de harengs, un troupeau de moutons sans berger, des molécules, des cellules en mouvement brownien… Tous passent, volent, trottinent, nagent, s'agitent, *co-agitent*. De temps en temps – pourquoi ? qui le sait ? –, de petits groupes de volatiles, de poissons, d'agneaux ou de boucs quittent la masse en mouvements parallèles. Nul ne suit leur bifurcation, les voilà bientôt revenus. Il arrive même parfois que certains se perdent dans la vaste étendue d'air, de mer ou de montagne, sans jamais revoir le groupe. Ou bien, tout à coup, entraîné par quelque élément pourquoi et comment, qui le sait ? –, le vol, le troupeau ou le banc se reforme, se réoriente. Un nouveau paysage apparaît. Qui eût pu prévoir la décision globale ? Mille insectes archiptères au travail de construction aléatoire de leur termitière régulière m'avaient permis jadis de dessiner un modèle analogue pour la Rome antique et son destin.

Les meilleurs modèles

Les modèles qui décrivent le mieux un processus quelconque de transformation, voire de formation initiale, les modèles les plus exacts du monde ou de l'histoire et, dans ce livre, de la pensée, sont ceux qui mêlent, ainsi et à titres divers, le hasard et la nécessité, le stochastique et le déterminisme, Démocrite et Newton.

Reste à penser ce mélange étrange. Physique, chimique, vivant… : l'Univers fonctionne selon des lois, mais se construit sur des constantes stables, celle de Planck et quelques autres. Les premières ont une raison, non point les secondes car, exprimées par d'autres nombres, elles eussent bâti d'autres mondes. Nécessaire et contingent, le nôtre évolue et se fonde donc, à la fois, sur le principe de raison et sur un ensemble d'exceptions à ce même principe, à cette même raison.

Pour penser ce réel, en partie rationnel, en partie contingent, sans que nous puissions estimer volume, poids et qualités de ces parties respectives, reste donc à mêler Démocrite et Newton. Comment réussir un tel mélange percolant ? Si quelqu'un voulait en donner la recette, martingale que les bateleurs nomment méthode, il privilégierait les lois nécessaires et perdrait la sérendipité. Dans la boîte noire du quaterne des modalités, parmi l'innombrable foule chaotique des possibles qui peuvent être, l'impossible, qui ne peut pas être, taille, coupe, sélectionne jusqu'à parvenir, quoique rarement, jusqu'au nécessaire, qui ne pouvant pas ne pas être, exhibe des lois ; mais, parmi les restes des possibles triés par l'impossible, émergent les contingents, qui, existants, auraient pu ne pas être. Le monde et la pensée se concoctent-ils en ce carré magique ?

Cette boîte où se prépare et se cuit le mélange reste encore assez obscure pour laisser la place à l'essayeur. Au penseur ? Mêlons donc hasard et nécessité, possible, lois et contingence, comme un coq goûte ses sauces pour ne les rater ni les gâter, comme tel caviste expert croise dans son verre cabernet à sauvignon, comme un peintre trie ses teintes, comme composer exige une oreille attentive, comme écrire équilibre en musique, sous contrainte puissante de sens et de rigueur, le rythme des phrases et la clameur des termes.

Donnons au beau le fin mot.

Penser ou peser

Traduction en langue française ; précise et subtile sur ce point, elle pense par balance ; la pensée chez elle naît d'une pesée. Or, rarement au repos, pas toujours en équilibre, inquiète au sens littéral, la plus sensible des balances branle, bascule, oscille, trébuche, dissymétrique plus souvent que plane et plane quelquefois lorsqu'elle est tarée. Ainsi, les *Essais* utilisent les détails de l'évaluation, maintes fois reprise, propre au peseur d'or ; le fameux branle de Montaigne et celui des sceptiques anciens, le doute et son sens double, voilà donc la pensée même. Si profond, ce doute, si fondamental, que Descartes doit en appeler à Dieu dont seul le bras tout-puissant le lève.

Aussi basculante, la claudication suppose une semblable tare de base : je me mis à penser parce que j'étais taré. Je pense pour compenser. Voilà le secret réel, profond, décisif de la pensée humaine, et même de l'invention : nous nous mîmes à penser parce que nous sommes faibles de nature, d'espèce, d'origine, de genèse. Voilà le trou dans nos organes qui met notre corps en défaut, voilà notre faille, notre vide, l'épine dans notre chair, lacunes, haillons, manques premiers, notre faiblesse congénitale, notre fragilité, l'essence de notre hérédité. Sa noblesse.

Nous autres hommes sommes la dissymétrie du monde, nous en sommes l'animale anomalie. Les choses sont ; les vivants sont ; nous ex-istons : ce mot désigne nos écarts à l'équilibre. Nous boitons ; donc, pour survivre, nous devons penser. Nous espérons sans cesse que penser compensera notre claudication.

Notre essentielle faiblesse

Mieux encore, la langue française dispose de trois adjectifs pour qualifier le manque : *pauvre* se dit de qui a peu d'argent ; *indigent* de qui manque de nourriture ; *misérable* de qui est dénué d'habitat. Je suis misérable, et nous le sommes tous, en ce que ni le monde ni la vie ne nous donnent, après la naissance, date où nous quittons notre maison mère, une autre demeure « naturelle ». Désadaptés, nous sommes dépaysés de tout moyen d'habiter le monde. Cette inadaptation de base nous lance, fils de Misère et d'Expédient, dans des cultures imagées, des histoires vagues, des religions sans preuve et des sciences changeantes qui tentent éperdument de compenser ce manque et dont les pertes continuelles d'équilibre nous obligent à les réinventer sans cesse pour, de nouveau, en aplanir les écarts. Comme notre corps, toutes les maisons que nous construisons claudiquent ; même notre raison boite. Nous réparons nos œuvres vives et, en les réparant sans cesse, nous nous réparons. Nous boitons d'équilibre déséquilibré en équilibre compensé, plus ou moins ponctués.

À quelque moment de misère et de lucidité, nous éprouvons tous en nous ce trou, cette faille de fond, ce lac de larmes stable à la base du thorax, par où nous accédons à notre humanité, ce pertuis d'où jaillissent le *Miserere* d'Allegri, le *Stabat mater* de Vivaldi ou l'hymne *De profundis clamavi*, sublimes supplications qui nous jettent, tremblants, secoués de sanglots, devant le mur des Lamentations, nus, dans les eaux fangeuses du Gange, malades, sous la grotte de Massabielle, les paumes levées... vers qui?

Si Dieu existe, Il est infiniment faible.

Chiasme, brisure de symétrie

Ma faiblesse à Son image. Décalé, quand je marche en ville, je change sans cesse de trottoir; que je m'adonne à quelque travail et j'en commence un autre aussitôt, puis encore un nouveau et ainsi de suite. Pair, impair, passe et manque. Je bifurque. Je penche et vais de côté, j'incline. Je vois double. Je me trompe. Et, doutant, je me soupçonne de mentir. La pluie ne tombe pas, chez moi, en ligne droite; par les sautes de vent, ses embardées m'embarrassent. Celles de la langue me fascinent: j'aime les prépositions qui remplacent en français les déclinaisons; une gourmandise m'excite envers les inchoatifs qui commencent un ailleurs ou un autrement; je me retiens de trop user d'adjectifs, ces pièces rapportées qui se jettent à côté. Nous nous jetons à côté, adverbiaux.

De même le monde. J'aime le point vernal et l'inclinaison de l'écliptique, j'admire les géodésiques de Jacques Hadamard, qu'il dessina, jeune, sur des surfaces à courbures opposées, prévoyant ainsi la théorie du chaos et l'instabilité du Système solaire, démontrée par Poincaré. Quand, à grands frais de liquides, je rachetai le vieux *clinamen* de Lucrèce, réputé absurde ou subjectif par des lettrés subtiles, alors que son exactitude éblouit de son évidence, mieux, de sa rigueur, j'ignorais ce que je découvre seulement aujourd'hui, que mon corps oblique, barré d'une diagonale, s'incline, regarde, passe et pense à côté, lui aussi.

J'aime les ruptures de la symétrie, autant dire les événements. Ces singularités de l'espace annoncent un temps – mieux encore, en forment le moteur.

Mortel, l'équilibre.

Un éloge de la distraction

Quand je marche en ville, je change sans cesse de trottoir. Distrait, inattentif, dérivant, dissipé, diverti. Pourquoi donc cette attraction transverse, cette distraction ? Sans doute parce que j'ai dû, un matin d'enfance, transformer ma main. Je conserve le plus clair obscur souvenir de ma peine quand je traversai de gauche à droite la première fois. Je me vois, encore, sur le banc de l'école, l'instituteur dans le dos, moi pleurant, lui fâché, devant le gribouillis condamné. Gauchères, mon écriture et ma langue passèrent alors de l'autre côté. Tirés, traînés ailleurs : distraits. Droitiers, tous mes livres bifurquent, se trompent, risquent le mensonge. Car j'y emprunte le dire de l'autre, l'autre dire, pas le mien. J'ai faux depuis ma naissance, depuis que je naquis au dire et que j'appris à écrire. Gaucher, je dois tirer à droite pour conquérir la droiture, la rectitude, le droit d'écrire et de penser ; je dois le droit. Dois-je dire, encore, que je mens ? Plutôt : que je sens autant la fausseté du vrai que la vérité du faux, le mélange dans la clarté, la raison boiteuse. Me servant de deux mains, quasi ambidextre, le juste ruisselle de part et d'autre, ainsi que l'erreur. Ce chiasme ne cesse pas.

J'aime les mots épicènes : la mâle souris, le rossignol femelle, la gazelle masculine et le crotale féminin, l'enfant dont on ne sait pas encore dans quel genre il versera, le ou la secrétaire, à propos duquel ou de laquelle l'Académie française se donne le ridicule machiste de tordre la langue dont elle détient la garde en décorant sa responsable du titre, faussement hermaphrodite, de Madame *le* Secrétaire perpétu*el*. Absurde et méchante, la guerre opiniâtre à propos de la féminisation des hautes fonctions s'apaise aussitôt que paraissent les mots à deux sexes, dits épicènes.

Je change de trottoir, traverse la rue, passe le fleuve. Ainsi définitivement frappé d'obliquité par obligation de *droiterie* – face à la gaucherie, d'un usage fréquent, ce mot reste inusité –, mon corps ne peut, de ses nerfs, des muscles, du squelette même, et compulsivement, s'arrêter de répéter cette oblique obligation de fuir, cette exclusion : sors donc de chez toi ! Je n'habite plus ma niche originaire, la ferme de mon père, le bord de ma rivière, les bateaux de mon enfance, j'erre çà et là, change et bouge. Depuis, je ne suis plus moi, je devins autre. Qui suis-je ? Ce *clinamen*. Qui suis-je ? Le distrait soi-même. Un chiasme vivant. Mais à quoi bon conjuguer encore le verbe être ? Je verse. *Vers* indique une direction, droit devant, mais aussi le verseau, mais aussi le cercle du converti. Qui suis-je ? *Je verse vers l'universel par traversées.*

Être-au-monde

Par bonheur, j'observe un même angle, incliné, au point du printemps où se coupent l'équateur, réputé droit, et l'orbite de la Terre. Penché, l'Univers décline et bifurque, lui aussi. Dans un mélange raffiné de Même et d'Autre, le Démiurge du *Timée* platonicien découpe deux bandes pour les disposer en cercles qui se coupent, justement, en ce point gamma où le printemps s'avance. Milton, poète anglais, mais aussi théologien de la faute, décrit, avec beaucoup de ses contemporains, cette inclinaison comme le résultat du péché originel commis par Ève et Adam, alors qu'elle entraîne avec elle, ô merveille, la métamorphose des saisons. Devant le tribunal de l'accusation, les planètes me défendent ; je penche comme le mouvement des astres, lui-même gauche et, par là même, source de quatre palingénésies : primevères des amours, retraites hivernales, fastes de septembre, chaleurs du Grand Chien. Par ce chiasme en Y ou en X dessiné dans le ciel, ma chair vit en état du péché de Milton, mais en harmonie avec la marche du monde et ses renouvellements ; en harmonie avec l'instabilité du Système solaire, notre maison au large, claudicante elle encore. Mieux, et au plus près du savoir d'aujourd'hui, ne m'adapté-je pas mieux ainsi aux indéterminations quantiques ? À quoi servirait une attention pointue, suraiguë, dans ce monde minuscule de dualités ? Plus utiles, les deux branches vibrantes fluctuantes du diapason ! Exclu de chez moi, je ne sais, je ne fais que mêler l'Autre au Même ou la position à la vitesse ! J'ai donc la chance de rencontrer l'étrange et les étrangers. Qui suis-je ? Mon corps penche avec l'inclinaison et le chaos des astres, l'imprévisibilité de l'histoire, le caprice des autres, l'indétermination des atomes, le principe de dualité. Comme nous, l'Univers serait-il en rupture de symétrie ? Entrerait-il de la sorte dans le temps ? Croisés ou asymétriques, sommes-nous, de la sorte, des êtres-au-monde, enfin adaptés ?

Invention sous X : corps et âme

Né gaucher de la tête aux pieds à une époque où ce travers équivalait à de la maladresse, j'appris à écrire – à dire, à penser – de la main droite. Je ne m'en plaignis jamais, car cette conversion offre à qui la réussit une aubaine d'ambidextrie. On le sait, parmi les sportifs de haut niveau, surabondent les gauchers, que la vie quotidienne oblige à s'adapter à un monde dominé par les droitiers, à un monde dont l'espace et la langue se construisirent de leur côté – l'Orient, le droit, la rectitude, en effet, gisent et disent à droite. Pour mon bonheur, les exercices gymnastiques ou techniques se développaient à partir de l'inné, alors que les pratiques intellectuelles émanaient de l'acquis. Contrairement au langage répandu, je n'ai jamais dit *gaucher contrarié* mais *complété*. Au moins croisé. Suradapté?

L'âge venu, ainsi que la fatigue, ce croisement, dont pourtant j'ai bellement bénéficié, pèse enfin comme une croix. L'épaule scribe n'en peut plus, comme lacérée, la jambe d'appui s'effondre, minée par un AVC qui foudroya le même côté, bardé ensuite d'une prothèse. S'efface dans la souffrance la diagonale principale qui faisait mon orgueil efficace; reste la secondaire, longuement affaiblie par l'inactivité vitale, dont la bande, quasi absente, traverse le tronc de la hanche droite vers l'épaule gauche.

Qui suis-je? Cet *x*, ce croisement, cette croix de Saint-André, cette crucifixion. Un *x*, cette inconnue. J'essaie de la déchiffrer.

Question donc: quelles relations cet *x* du croisement corporel entretient-il avec ceux de l'exactitude, de l'examen, de l'exercice intelligents? Une simple série de réponses. L'Hermaphrodite croise sur elle ou lui les sexes mâle et femelle: corps complété. *Le Tiers-Instruit* symétrise l'asymétrie des sciences dures et des humanités: sa tête complète pratique *L'Interférence*. Plus tard, je donnai deux chefs au bon praticien de médecine, bicéphale attentif à la fois à sa science et au patient. Comme tout messager, Hermès connecte en son vol angélique émetteur et récepteur en tenant à la main le caducée, ce bâton sur lequel s'enroulent deux reptiles entrecroisés ; celui des médecins, justement, évoque, dit-on, l'équilibre dynamique de deux forces opposées, dites psychosomatiques. Et *Le Mal propre* conjugue le sale et le sain. Voilà, en somme, une galerie de corps mêlés. Que dire aussi de la communication, de la traduction, dont l'effort croise au moins deux langues ; du parasitisme, dont l'abus rapproche, pour le pire et, parfois, pour le meilleur de la symbiose, deux vivants ; du *Contrat naturel*, dont le projet confère à l'inerte et aux vifs des droits analogues à ceux des locuteurs ? Par quel mystère, enfin, cette galerie de personnages s'achève-t-elle, ici, par le Gaucher boiteux ? Par la conscience, enfin clarifiée, d'une surveillance aveugle sous laquelle naquirent ces figures ?

De plus, ces fausses symétries valorisent plutôt une diagonale et la font passer, principale, par-dessus l'autre, secondaire. Tel hermaphrodite penche du côté femelle ; tel humaniste tire vers les sciences dures ou, à l'inverse, vers les lettres et les arts ; l'ange s'incline devant les sauvés, ou, chu, bascule en enfer. Certains parasites finissent symbiotes de leur hôte ; au lieu de le tuer, ils assurent leur vie.

Le réseau

Au centre de tous ces croisements gît un point d'indétermination où, inquiet, un balancier déciderait ou ne saurait le faire. La croix blanche, toponyme fort répandu en France, exprime à merveille cette indécision, ce point d'indécision au centre du carrefour. Hermès pavane et bande en ce milieu d'où émergent, en étoile, plusieurs voies possibles. Au voisinage de ce point multiplement connecté, une simple hésitation peut faire basculer vers Paris ou vers Rome – aussi bien l'eau d'une source s'écoulera vers la mer du Nord ou la Méditerranée –, comme en un commencement que la langue sait décrire au moyen de mots qu'elle dit inchoatifs, comme, par exemple, l'Hominescence ou l'Incandescent.

Tout commença donc par la mise en place et l'analyse d'un réseau, construit, puis découpé pour comprendre le système de Leibniz, ou d'un échangeur routier aux nœuds étoilés par de multiples embranchements, aux intersections et bifurcations diverses. Ce point à la fois central et multiple, ces croisements, ces carrefours, ces nœuds, les chemins eux-mêmes, voilà les éléments de l'entrelacs. Qui suis-je, à nouveau ? Cet x, cet entrecroisement, l'élément quelconque d'un réseau.

Des banalités

Tout cela n'a rien d'exceptionnel, puisque le corps humain se compose de deux parties quasi égales, mais non superposables, comme les mains, les pieds, le visage, seins et testicules, dont les particularités remarquables d'asymétrique symétrie reçoivent, chez les savants, le nom de chiralité ou d'énantiomorphie. Plus banalement, nous marchons tous en avançant la jambe gauche en même temps que le bras droit ; notre corps chemine, progresse, croisé ; toujours la bifurcation ou le chiasme. Du coup, je suis un corps commun.

Sauf que ces banalités, redoublées de gaucherie, me lancèrent dans des fascinations diverses mais relativement homogènes, concernant la dualité, les invariants par variations, la théorie des graphes, la topologie, toute une boîte à outils dont la puissance éclaire et parfois déplie ou dénoue la complexité des réseaux dont la forme couvre ou parcourt l'Univers, le monde, la société, le corps lui-même, le savoir… Alors, cet x, cette inconnue, cet élément, cette lettre…, entre dans toutes les phrases qui expriment toutes choses. Hermès emprunte ces réseaux, y voyage et, devenu Pantope, les survole.

Le sixième sens, la proprioception

Si toutes ces appellations, si ces personnages, si ces schémas évoquent vraiment le nœud central anharmonique du corps, puis-je penser alors que la pensée elle-même, l'imite, le reproduit, le reflète en images, le révèle donc? Autrement dit, faut-il comprendre qu'il existe une similitude entre l'orientation d'un corps propre singulier, quoique commun, et quelques produits émanés d'une recherche que l'on pourrait croire purement intellectuelle?

Peut-être. Car, à l'occasion de tel ou tel exercice, tout le monde a pu apprendre que l'attention tournée vers le corps proprioceptif: vers le relâchement d'un muscle, la respiration, la posture de l'arc dorsal…, que cette attention, dis-je, s'évanouit sans crier gare, se cache, se révèle et disparaît, difficile à rattraper, si fragile, fugace, légère, qu'elle semble n'accéder qu'à des aperceptions fuyantes et volatiles. Or donc, qu'appelle-t-on idée, sinon une forme légère, fugitive, sinon l'enveloppe quasi translucide d'une lourde masse de choses, parfois aussi concrètes que le corps. Simulacre côté perception, simulacre encore côté conception.

Le problème vénérable des relations entre l'âme et le corps, entre une douceur logicielle et une dureté matérielle, se résout-il, parfois, au sein de cette attention volontaire-involontaire, consciente et inconsciente, dont la légèreté se tourne vers tel élément du corps propre et en tire aveuglément des formes subtiles, qui, au premier abord, paraissent étranges, mais ressemblent déjà aux idées? Analogie de simulacres ou simulation?

Doucement, la pensée invente par corps. Archimède le montra.

La plus ancienne des métamorphoses

Pas seulement le corps propre, mais le corps de tous, humains et autres. Lisez, par exemple, La Fontaine et ses *Fables*, où l'Avare se change en Fourmi, mieux encore, où le Loup se transforme, mais pas tout à fait, en Chien. Vous voyez en même temps une Cigale et un insouciant dépensier. Regardez à côté. À gauche la bête, à droite l'humain, qui ne parvient que rarement à s'extraire de l'animal. Revoilà le fétiche à deux corps croisés. Les *Fables* évoquent un monde archaïque où le fétichisme régnait, plus ancien que l'écriture. Au milieu de chaque bête tremble un changement douteux. Encore un coup, voyez double. Penchez, voyez la bifurcation, encore, entre gauche et droite, entre le même et l'autre, entre deux âges... Au dialogue du Loup et du Chien, tentez d'apercevoir le chien-loup, au point gamma du changement paléolithique où se fit la domestication.

Ancestrales, ces *Fables* remontent vers la métamorphose des animaux en hommes, autrement dit vers l'hominisation. Nous ne lisons rien de plus ancien ni de plus profond. Par quel miracle ressuscitâmes-nous de la bestialité? Quels obstacles nous empêchent d'achever ce mouvement? Quelles catastrophes nous font refluer vers l'amont bestial? Merveilleuses ou tragiques, denses de sens et de science, ces métamorphoses enchantent. Je vis, pense et parle dans et pour cet enchantement.

Substance et substitution

Quand j'écrivais sur l'auteur, justement, du *Menteur*, Corneille – livre que je n'ai jamais fini, non plus que celui qui voulut célébrer La Fontaine, puisque *Rome* le remplaça, qui, lui-même, ne préfaçait qu'un commentaire d'Horace –, je tombai sur *Héraclius* et *Théodore* où les spectateurs, comme mon ouvrage inachevé, se perdaient et se perdent toujours, moi compris, tant tels personnages s'y substituent sans cesse à des frères ou des travestis. Chien ou loup, certes, mais, ici, Héraclius cru Martial cru Léonce et Théodore crue Didyme, lui-même jumeau... À force de voir l'autre dans l'un, je n'y comprends plus rien. Les personnages échangent leurs masques. Mais, à tout prendre, et dans chaque pièce, même les plus claires, un acteur se substitue à la personne qu'il joue, qu'il représente ou qui le cache. Sans cesse, comédien ou tragédien incarnent un autre personnage, portent un nouveau loup : le *persona* des Latins.

À chaque livre, je me coule dans un personnage neuf, gauche ou droit, même ou autre : Hermès, les anges, Atlas, Arlequin, le Parasite... Je remplace ma substance par une substitution. Je suis saint Michel, archange, et ne le suis pas : Hermaphrodite. Mais pourquoi, derechef, conjuguer le verbe être ? *Je substitue à la substance la substitution.* Comment ma langue latine sut-elle acquérir le génie de rapprocher ces deux mots, dont celui du changement dit plus vrai que celui qui prétend à la stabilité ? Je n'écris jamais la substance d'un livre, mais la substitution qui le précède, le supplée, le masque, le traduit et le trahit. Vous la voyez bien, l'inutilité du verbe être, le sens vide du je suis. Ou alors, et derechef, je mens ou me trompe. La vérité gît-elle en un centre fixe ou sur les bords, vers la périphérie, dans les banlieues excentriques? Qui suis-je? Non, je ne suis pas une substance, mais une substitution sans cesse recommencée. Ou: je ne suis point, absolument parlant.

Je me substitue au *clinamen*, au point vernal, au chiasme, au fétiche de la fable, à demi cela et ceci à demi, métamorphoses successives d'asymétrie et de substitution. Avancé-je lentement dans la reconnaissance de mes concepts et personnages, dont je comprends la duplicité, enfin, et le risque d'erreur ou de mensonge, encore, mais aussi ceci qu'ils me représentent, comme doubles de moi? Comme masques, peut-être, mais aussi comme expressions. Je les connais comme miens, je les reconnais comme moi, je me connais enfin à travers eux. L'écriture les a décollés de moi. Je vous présente mes personnages, ma personne externalisée munie de ses voiles, ma personne et ses porte-parole: *meae personae* (ce masque du théâtre latin s'évasait, au niveau de la bouche, en porte-voix), mes envoyés. Je les reconnais enfin comme moi, comme je me reconnais en eux. J'invite aussi les autres à s'y reconnaître.

Derechef, des envoyés

Que je sache, les messagers, Hermès ou les anges, Michel Strogoff, capitaine au corps des courriers du tsar, le démon de Maxwell et autres expédiés par Laplace ou Ampère, n'ont-ils pas déjà témoigné de telles substitutions? Maxwell ne pouvait estimer le nombre ni mesurer la vitesse des molécules, le tsar ne bougeait de son trône, le philosophe comprend peu... Du coup, leurs porteurs marquent l'impuissance où ils sont, l'impotence où je suis, en fin de compte où nous sommes, de traiter les choses de face ou, si j'ose dire, symétriquement. Nous biaisons, pratiquons mille détours, attaquons en oblique, parce que nous sommes en défaut, misérables et asymétriques ; je fais courir droit mes personnages parce que je suis et boiteux et gaucher.

Que je sache, le virtuel, célébré plus loin, ne témoigne-t-il pas, une fois encore, que je ne puis, que nous ne pouvons presque jamais affronter les choses directement, de front, en présence ? Que nous nous y prenons en changeant de chemin et de variable, en racontant des histoires, en inventant des cultures, en passant par des symboles formels ? Que la meilleure efficacité, même pratique, même technicienne, même industrieuse, passe au préalable par l'abstrait ? Comment se fait-il, s'interrogeaient Kant et Einstein, que les mathématiques, au comble de l'idéalité, rejoignent si souvent le réel tel quel ? Cette question décrit à merveille le long détour auquel nous oblige notre condition. Oui, depuis nos plus lointaines origines, nous sommes des animaux virtuels, en raison même de ces manques, de ces gauches boiteries ; la raison inventive naquit de ces chemins de traverse.

Sérendipité contre méthode

Nous lisons deux sortes d'écrivains. Les uns choisissent un sujet, pointu ou mousse, amassent longuement une documentation épaisse, dessinent un plan ordonné pour le suivre avec méthode et précision. Cela produit des thèses emmerdantes où, à tous les étages, domine le copié-collé.

« Je commence n'importe où et cela se développe comme du lierre », confiait au contraire le génial Hergé. La flore s'élève par embranchements. Le dessinateur suivait-il, en cela, Boucicaut, héros du *Bonheur des dames* et fondateur du *Bon Marché* ? En ce grand magasin, l'entrepreneur avait, au début, classé les produits en vente de la manière la mieux ordonnée, donc la plus commode pour les chalands qui s'y retrouvaient sans peine. Au bout de quelques semaines pendant lesquelles cet itinéraire méthodique fonctionna, le chiffre d'affaires plafonna. Le même se répète, comment faire mieux ? Pris un beau matin d'une intuition subite, le commerçant bouleversa ses rayons, de sorte que la ménagère en quête de poireaux, bifurquant, tombait sur les parfums ou les chaussures et achetait deux choses plus une. Fortune ! La leçon ne manqua pas de convertir mille adeptes ; dans les magasins, désormais, le labyrinthe se mêle à l'ordre. Voici inventée la sérendipité !

La langue anglaise appelle de ce nom ce cheminement sans plan, inverse de ce que l'on appelle méthode, cette chasse quasi au hasard qui fait que l'on rencontre ce que l'on ne quête pas, entraîné cependant par le feu passionnel et le travail patient de la quête. Si quelque inventeur trouvait ce qu'il cherchait, il l'aurait déjà trouvé, puisque c'est cela, justement, qu'il cherchait. Feuilletant un dictionnaire pour comprendre un mot, vos yeux tombent sur deux ou trois autres, que vous ne connaissiez pas, tellement plus passionnants... Cela se nomme surfer sur les vagues d'Internet. Le hasard a sa part, mais l'intensité de la recherche aussi. Voilà que revient le mélange entre Newton et Démocrite, loi et aléa.

Parente de la recette, la méthode permet de découvrir ce que tout le monde sait depuis longtemps. On trouve, en effet, des parfums au rayon parfumerie et des livres en bibliothèques. Lorsque Caroline et Stéphanie Tatin, de mémoire inoubliable, inventèrent la tarte qui porte leur nom, elles ne suivirent point la recette de la tarte Tatin. Les pâtissiers, après, imiteront cette recette pas à pas. La langue l'avoue, méthode vaut voie : or la route de Paris emmène toujours à Paris, le chemin de Landerneau à Landerneau, et la recette à la tarte.

Je ne connais aucune méthode qui ait jamais ouvert à quelque invention ; ni aucune invention trouvée par méthode. Au contraire, le risque lancé par l'exode, terme opposé à la méthode, va vers des bifurcations parfois pleines d'une information inattendue entre poireaux et chaussures, entre la pomme qui tombe et l'attraction universelle. Courage : écrivez vos livres en suivant le lierre d'Hergé dont votre plume dessinera le réseau des branches et dont les coups de théâtre étonneront. Car le lierre invente comme va la vie et comme font les choses depuis le commencement du monde, contingentes au hasard, éliminées souvent, mais, au total, sensées comme un récit.

Le lierre suit, assurément, au moins en partie, le programme de ses gènes ; certes, il reste lierre, comme je demeure moi-même et ne deviens ni ange ni bête lorsque j'écris ou recherche ; mais, lui comme moi, experts entêtés – avant de renverser, cul par-dessus tête, l'ordre tartifère, les sœurs Tatin cuisinaient déjà des pièces délectables –, allons chercher fortune dans le monde, comme fait l'épigenèse, ici sur les murs ou par les toits, selon le climat, l'herbe tendre, quelque diable aussi nous poussant… Méthodique et ordonnée, la raison suit des lois alors que l'invention, exodique, contingente, chaotique, va comme le temps du monde. Inventif de manière exemplaire, le Grand Récit suit, en effet, la sérendipité.

Dieu sait jouer aux dés.

Ambo: autant de variations autour du point vernal

Cela ne va pas sans émotion, sans enchantement ni fête, sans lumière ni musique. Si je me risque à t'aimer, je ne sais si tu me seras fidèle ou si tu me trompéras, si je serai heureux ou si tu me damneras. Une relation plonge dans le temps, si contingentement processuelle qu'aucun de ceux qui s'aventurent au destin de ce rapport ne peut deviner ce qu'il en adviendra. De toutes les façons, il les transformera. Puisque ce lien nous change, à qui avons-nous affaire, maintenant : au même ou à l'autre, ces jumeaux en voie de différenciation ? L'autre accompagne le même, comme la jalousie intercepte l'amour, comme la tromperie le capte, comme le pardon en sublime l'essence. De même, toute communication enseigne, parfois, mais, en général, informe et n'informe pas. La langue d'Ésope, ma bouche, la tienne, le journal, le livre, la télé... soufflent, indifféremment, le pire et le meilleur, chaud et froid, clair et confus, le faux et le vrai, encore la rupture de la symétrie. Tout canal porte deux messages, au moins, et une infinité, au plus. Mon dire et mon corps versent dans ces canaux.

J'ai donc toutes les raisons du monde d'entendre et de sentir trembler, comme un diapason – ce mot signifie : à travers toutes les cordes, à travers toutes les choses ! –, les deux pointes du y ou du chi, lettres de mon vrai blason. Plus aisément, lisez dans les deux sens mon nom amphidrome ou palindrome et placez un chi au centre de mon prénom. Peut-être aperçois-je mal, au point de les confondre, ces pointes parmi la brume, mais, surtout, je les entends vibrer l'une dans l'autre et l'autre par l'une ; ondoyantes, moins comme le dit Montaigne qu'au sens physique des ondes vibrantes. Elles vibrent symétriquement comme mon nom. Qui suis-je ? Fidèle à ma nomination. Et, de nouveau, en ma vibration, je retrouve le monde et les autres, car ainsi frémissent, et dans les deux sens, toutes les cordes vibrantes, dont, j'y pense, les deux brins de l'ADN, le mien comme le vôtre, comme celui de tous les vifs – leur double hélice dessine cette vibration. Ainsi sonne le monde, ainsi ouïs-je, avec Kepler l'ancien et quelques astronomes contemporains, les équations harmoniques de ses mouvements. En cette fête concertante s'invitent encore l'Univers et le vivant. Qui suis-je? Ce diapason universel. Qui suis-je? Musique.

Cette hésitation-là, cette valse, ce frisson... approchent parfois plus de la vérité que le choix, exclusif et pur, d'une précision pointue. Comme l'expérience, la raison persuade que le Bien, combattant le Mal, prend les mêmes armes et mime son adversaire, que saint Georges ou saint Michel terrassant le dragon deviennent deux démons armés comme le monstre, que le bruit brouille le message, que le vague orne le précis, que le mythe habite la théorie, que le diable se cache dans les images qu'un vain peuple et les doctes se font du Bon Dieu, que la haine sue dans l'amour, que la vertu peut pointer son nez dans le vice... et vice versa. Je ne pense et ne suis que mélange. Qui dira si je me trompe ou si je mens? Tremblé-je, tout simplement, grelotté-je de peur devant la formidable splendeur d'une vérité qui, toujours mêlée, se déploie dans la roue universelle d'un arc-en-ciel dont l'éventail chromatique diversifie multiplement les teintes? Comme mon navire sur la mer jolie, le vrai entre dans la ronde du roulis. Ponctuel comme un concours, rond comme une circonstance, je ne suis pas substance, mais concours de circonstances. Le vrai roule et tangue; d'avoir navigué je sais qu'aucune nef ne vaut, en stabilité, le doris jaloux dont se servent les terre-neuvas, qui, aussi vite d'un bord que de l'autre, tourne, roule et se couche : invariant par ses variations comme moi ; et comme l'eau, encore, car le stable du solide se délite et laisse en dentelles les rochers de granit, alors que, de la mer fluctuante, il ne manque pas une goutte depuis la fondation du monde.

Le rameau des confluents

À tant verser dans des liquides, reste à dire que, de la Vienne avec la Loire, de la Marne et de la Seine, du Tarn ou du Lot avec la Garonne, de celle-ci dans la Dordogne…, j'aime les confluents, croisements ou concours de circonstances. J'habiterais volontiers le bec d'Ambès ou Ambérieu, noms latins aux doubles cours ; je naquis même en un lieu milieu entre deux grandes villes opposées, l'une maritime et l'autre aérienne, l'une plus celte et l'autre plus latine, entre basque et occitan. Je suis relation, pure liaison ; et toute communication associe des flots fondus. Qui dira la différence entre confluent et confusion !

Sans un pont, qui passerait ? Sans pontife, que se passerait-il ? Et, au milieu du pont, que dire des rives, que penser des rivalités ? Comme moi, mes personnages, Hermès ou les anges, entent, pontent, greffent, coïtent, hermaphrodites. Comme diraient les géomètres, ils quêtent quelque singularité : des points doubles et multiples, autrement dit, des concours ou confluents, des lieux où se réunissent, pour se changer les unes dans les autres, des choses parfois contradictoires, tangente et sécante, quantité ou nullité… Je suis double, multiple, je suis concours et légion, pont du Diable et arche des Anges. Toujours la rupture de la symétrie.

La sorcière paraît reine de l'erreur et du mensonge, alors que, fée, elle transforme. Qui suis-je? Sorcière, fée? La baguette même des transmutations. Oui, fourchue. Un rameau.

La confusion démontrée

Dans l'interférence consonnent plusieurs ondes; la traduction produit autant de versions, à la recherche d'un invariant par variations de langues; le passage du Nord-Ouest connecte deux mers; le Parasite mange au voisinage de l'hôte, mot qui, lui-même, a deux sens, «invitant» et «invité». Derechef, le Parasite tue, est tué ou se force, avec son hôte, à inventer une symbiose; l'adjectif se jette à côté du nom; les circonstances entourent le fait; les post- ou prépositions se posent après ou avant; Jésus-Christ ponte deux natures et porte deux noms, l'un juif et l'autre grec... Je collectionne les doublons. Entre chien et loup court le chien-loup, corps mêlé; entre distinct et confus scintille doucement le Tiers-Instruit, métis clair-obscur, encore un boiteux.

Encore peut-on voir le même embranchement dans la géométrie, temple souverain des vérités dites claires et distinctes. Rien de plus transparent que *Les Éléments* d'Euclide. À en refuser les axiomes, à les mettre en doute, vous semblez d'abord vous tromper, ignorant évidence et rigueur. Cependant, quand, des siècles après l'érection de ce monument de lumière, de ce temple grec, émergent, par exemple, les équipotences du transfini ou les plis sans déchirure de la topologie, plus les géométries dites, justement, non euclidiennes, vous devez admettre, avec plus d'évidence et de rigueur encore, que, de ces anciennes eaux que vous croyiez translucides, en fait noires et confuses, une lumière encore plus brillante jaillit. Preuve, s'il en fallait, que, malgré une apparente simplicité inanalysable, la première clarté contenait du trouble où se mêlaient d'autres éléments que cachait cette évidence et que l'on a fini par analyser. À relire aujourd'hui lesdits *Éléments*, nous distinguons plusieurs choses là où, jadis, l'on n'en voyait qu'une, et même là où la vue, non interceptée, traversait sans rencontrer d'objet. La lumière aveuglante de l'espace métrique euclidien cachait les grosses poutres de son architecture. Quelle théorie véridique, la newtonienne par exemple, échappe à cette revue ? Que deviennent alors les exigences cartésiennes de distinction et de clarté ? Qui voit double voit-il clair ? Moins attentif que sa bête, Balaam n'aperçut pas l'ange que voyait l'ânesse dans la transparence de l'espace.

Temple et tente

J'ai jadis confessé l'évolution qui me fit, en quelques années, basculer joyeusement de la géométrie formelle ou des idées abstraites à la saisie du concret, aux espèces de la vie, aux individus, aux personnages, et vers la distinction de la puissance à l'acte, bref du Platon éternitaire à l'Aristote des choses. Ce passage reprend un pli de culture. Voici.

Notre Occident ne cessa d'hésiter entre deux pôles et réussit parfois à les rassembler en une liaison si difficile qu'elle tenait du miracle. D'une part, le pôle hellène ou peut-être indo-européen, nous attire vers un équilibre harmonique, dont le temple grec magnifie le symbole dans l'espace qu'il comble ; de l'autre, la tendance juive, ou plus largement sémite, pousse, par un écart à cet équilibre, les prophètes écrivains d'Israël, inventeurs de l'histoire, vers le processuel et le moteur qui l'entraîne. Dynamique et statique se font ainsi face, comme temps et espace. À leur confluence fortement contradictoire, Jésus, prénom juif, s'attache à Christ, surnom grec, par ce trait d'union difficile, par ce pont que je cherche à décrire au moins, au mieux à construire. Jésus-Christ mourut sur cette croix judéo-grecque ou spatio-temporelle. Voilà pourquoi on peut dire chrétien un Occident qui tente d'associer de manière héroïque et paradoxale cet équilibre serein, formé aux temples athéniens, et ce pas inquiet qui le quitte et chemine par l'Exode désertique, source et modèle réduit de l'espérance historique.

Ainsi, l'évolution que je confessais, qui eût pu tout aussi bien se dessiner, jadis, de Descartes géomètre à Pascal et Leibniz, compteurs d'algorithmes, ou, hier matin, de Bourbaki, exigeant le retour au formalisme grec, vers mon Grand Récit, qui entraîne désormais tout le savoir disponible dans le temps cosmologique, cette évolution, dis-je, reproduit en petit cette tentative sans cesse recommencée sous nos cieux d'associer la leçon hellène de stabilité aux cantilènes éphémères d'Israël. Née à la Renaissance sous le nom de physique mathématique, toute notre science ne réalise-t-elle pas la même synthèse entre la rigueur des équations et l'expérience contingente et falsifiable ? Alexandre Kojève disait déjà que cette invention n'avait pu émerger que d'une culture de l'Incarnation. Par une vision du monde commune, science et religion associent, là, ensemble, éternel et temporel.

De ce point de vue, j'entends à nouveau la visite que fit saint Paul aux philosophes d'Athènes, dont les mille éclats de rire au sujet de sa jacasse l'expulsèrent de leur académie. Déjà comparu devant le sanhédrin, Jésus-Christ reparaît ici, par son double, face à l'aréopage attique. Tout le christianisme tient dans ces deux tribunaux, dans ces face-à-face lumineux d'incompréhension. «Mon royaume n'est pas de ce monde», dit le premier aux hôtes du temps; «Je change le temps», dit l'autre aux gardiens de l'espace pérenne. Le christianisme, l'Incarnation, la science moderne assurent la synthèse difficile, quasi impossible, entre la sagesse grecque, le *logos* de sa proportion, et le cheminement hébraïque du peuple élu dans le désert. Les deux affluents comprennent-ils leur confluent? Comment le confluent mêle-t-il les affluents? Deux millénaires ne cessèrent de répéter ce procès, ce mot de procès voulant dire avancée; les temps contemporains le reprennent; ma vie le recommença. Je suis grec; je suis Paul; je suis Saül, c'est-à-dire juif, grec et romain, mais aussi je ne le serai jamais plus; mais je suis tout cela en même temps, ce temps, qui, au moins, est le temps d'Occident.

Non seulement je quitte la tenue harmonique et, boiteux, me tiens en écart par rapport à cet équilibre, courant à la va-comme-je-te-pousse, mais je délaisse cet écart même en rêvant de la proportion que je viens de quitter. Si je ne faisais que boiter, j'aurais choisi définitivement l'écart à l'équilibre et ne cesserais de marcher, mais, toujours fasciné par le pôle opposé d'harmonie, je rêve de quitter cette claudication.

Me voici gaucher de boiterie.

Cathédrale

Autrement dit, habitant le temple de l'Acropole, dont la forme et les colonnes honorent la proportion d'or, je hante la tente de l'Exode, dont le tabernacle de toile se déforme, varie et faseye par le vent brûlant et glacé du désert, gémissant autour de mâts fragiles et faisant frémir ses tendeurs. Je suis dans ce marbre sculpté, j'existe dans cette voile vibrante au risque d'être emporté. J'associe la géométrie des formes à la topologie de la déformation, le *logos* harmonique et le récit processuel, la déduction rigoureuse et l'histoire contingente, oui, je pense et vis une incarnation fragile dont la synthèse mystérieuse court-circuite, en une lumière aveuglante, ces disparates en contradiction, cet invariant par variations, dont l'un sature l'espace, dont les secondes coulent avec le temps.

Maquette : je suis la cathédrale, symétrique mais asymétrique, gauche ; harmonieuse, tourmentée ; silencieuse de sérénité, flamboyante de grimaces ; sublime mais horrible au sens des aiguilles qui hérissent mille gargouillis sataniques. Ses piliers vertigineux montent droit vers le ciel en des lignes si fines que leur tension vibre ; ses voûtes s'incurvent en cintres d'ogives gothiques dont les angles s'affinent, si aigus qu'ils ne soutiennent leur vertige que par des arcs-boutants qui donnent à la bâtisse une allure de navire, oui, de nef, voguant, tanguant et roulant, parmi haubans et cabestans. Le tabernacle, au sens hébreu, quittant l'autel, s'identifie à la nef ; les arcs-boutants miment les tendeurs et les sangles qui attachent le toit de toile faseyant dans les souffles du vent parmi le désert du voyage.

Être et temps : le temple est là, la tente va. Cathédrale : temple stable, dur, tente fluente, douce, maquette de beauté, modèle de pensée. J'habite la Cathédrale et, d'une certaine façon, je la suis.

Un détour par Mexico

Alors que la violence la traverse souvent de ses spasmes, l'une des plus grandes villes du monde gît sous le Popocatépetl, volcan éveillé dont le dôme fumant la surveille, du haut de ses neiges, sans, qu'aveugle, elle le voie, noyée sous la brume de sa pollution. Assujettie à des séismes, elle s'enlise, de plus, sans espoir, dans le vieux lac de Tenochtitlán, mal comblé, où ses bâtiments s'enfoncent lentement. De marbre, le palais des Beaux-Arts y descend de trois centimètres par an ; pour entrer, les visiteurs plongent en une crypte par des escaliers que montaient leurs parents. Tout le centre branle, les murs des rues donnent vertige et mal de mer. Le feu, l'air, la terre et l'eau menacent Mexico, cité où la nature devance toute politique.

Sise à côté de cet ancien temple et bâtie à l'aide des pierres de cet édifice découronné dont la splendeur trônait au centre de l'ancienne capitale aztèque, l'immense cathédrale à deux tours et deux façades fait aussi naufrage. Envahie d'une forêt d'échafaudages métalliques, traversée, du haut de sa voûte à ras de terre, par un câble d'acier dont le plomb, énorme, semble s'écarter de la verticale, son sol, ici, fuit vers la gauche, là penche vers la droite, ailleurs court et glisse vers l'avant. Retables inclinés, statues penchées, crevasses et lézardes en arborescence marquent qu'elle casse avant de s'abîmer. Des experts de génie civil tentent de la sauver, en y injectant du béton en sous-œuvre, mais les sapes du métro, autre tonnerre souterrain, contribuent encore à la miner. Tanguant, roulant, donnant de la bande, elle mérite, mieux que ses sœurs, le titre maritime de nef. En détresse. L'horizontale perdue sous des masses mal réparties, les pierres attaquées par l'acide, les murs délités par les tremblements de terre, peintures et dorures sculptées ceintes par des étais de fer que des tirants d'acier prêts à exploser relient encore. Symbole et résumé de la cité, la grande cathédrale se tord de souffrance ; s'arrachera-t-elle à son destin chtonien? Non, elle mourra. Quand? De quelle accalmie jouis-je parmi quel ouragan millénaire, pour en visiter les parties ouvertes, préjugées moins dangereuses? Lutte contre le vent la grande tente en pente en attente de sa fin inévitable.

Ni ses contreforts ni ses arcs-boutants ne la protégeront longtemps de l'enlisement, mais je connais, car je l'imite, son combat désespéré. J'habite, comme elle, ce reste labile de temps; fiché comme l'épine d'un coin dans les siècles des siècles, je loge dans la même inclinaison fragile, suspendu comme le pendule et inquiet du même écart, me retiens de glisser avant d'étouffer dans la compacité de la glaise; mes murs craquent, ma voûte se fendille. Je hante cette bâtisse et participe au vertige de sa bataille vitale; mes pieds s'équilibrent sur ses horizontales obliques, mon squelette s'érige le long de ses verticales penchées, mes côtes tremblent avec ses fentes, mes os se dressent comme ses poteaux de fer, mes muscles se tendent avec ses contreforts bandés, ma tête se coince dans son dôme abîmé, nos deux vaisseaux jumeaux chantent d'allégresse de ce long vacillement, ô mon corps de Samson dont la force bouscula les colonnes du temple! Quel secret nous fait, elle et moi, exploser de vie, éclater de puissance et de joie? Mon émotion, vrai mouvement, jaillit, verticale, de notre obliquité. La victoire dure de la mort recule devant le défi insolent de la faiblesse, pendant le temps bref d'une passion, dont la douleur fait tête à la Terre qui nous vainc à chaque combat.

Tronc lié à l'axe penché de la cathédrale, envergure renversée sur sa transversale inclinée, le corps participe au crucifié. Mexico, désormais, comprend-elle vraiment le christianisme en donnant à sa cathédrale ce visage douloureux où la chair temporelle de l'Incarnation jaillit, versatile, vers la gloire de l'éternité?

Le pas de la temporalité

Versatile, temporel ? De l'écart à l'équilibre, ouvrant un passage, giclent souvent une différentielle de temps, puis un mouvement : le verseau commence son écoulement… Exemple : qui voit mon reflet actuel dans une glace ne me reconnaît pas dans ma photo de matelot. Non point qu'entre les deux images j'hésite, non pas seulement que je mente ou me trompe, mais le *pas* du *ne… pas* se transforme subtilement dans le pied du *pas qui passe*. Pourquoi ma langue latine rapproche-t-elle, comme moi, ces deux *pas*, dont je ne sais lequel dit le vrai ? Au moyen de ce monosyllabe, elle désigne, à la fois, non seulement l'appui de la négation ou de l'exclusive, mais aussi l'empan élémentaire d'une randonnée, au moins, et, au plus, d'un processus. Voilà le verseau de la clepsydre dont le continu, mieux que l'horloge, bat le temps.

Sur ma vieille photo de matelot, vous ne pouvez *pas* reconnaître le vieillard dont présentement vous riez, alors que, moi, je me vois ou ne me vois *pas* changer *pas à pas*. La durée donc mêle ces deux avatars, le même à l'autre, le oui et le non, alors que, par elle, vous les distinguez. Diachroniquement, il y en a deux, le jeune et l'âgé, fort écartés l'un de l'autre ; mais il n'y en a qu'un, pour la synchronie, philosophe de surcroît et marin pour l'éternité.

Ici, une logique trop courue se renverse : non, la dialectique du *ne pas* ne propulse pas le temps pas à pas comme un moteur – ainsi le croyaient naïvement Hegel et ses répétiteurs –, mais, tout au contraire, le temps produit de soi cette dualité de logique, de langage, de phénoménologie ou d'apparence. Je louche donc, je boite donc, en raison de la durée. Je vois le barbon dans l'éphèbe, la divine brunette piquante dans la mère-grand, l'esclave en gésine dans les rodomontades du maître ou même Apollon, dieu vieilli, durci et refroidi dans l'infantile et brûlant Dionysos, parce que le temps tient en main l'autre et le même, le oui et le non.

Le temps produit la négation, la négation ne produit pas le temps. Comment s'y prendrait-elle, grands dieux ! Hegel erra, voilà tout, d'autant que, même déclinées, des thèses, statiques, n'ont jamais produit du mouvement.

Nouveautés

Un ultime écart. Aussi stable et instable que le doris des morutiers, je vis et pense, comme tous, entre l'ancien monde en déclin et un nouveau déjà éclos. Si la mémoire récite toujours latin, grec et psaumes, l'entendement projette sciences et technologies de pointe. Un pouce chez Platon et Plutarque, l'index en compagnie de Petite Poucette. Et plus je régresse encore en deçà, vers l'évolution des vifs, l'accrétion de la planète et l'émergence de l'Univers, mieux je reconnais le détail multiplié de l'éventail qui explose au-delà. Reconnaître les milliards d'années du monde bactérien permet de comprendre mon corps traversé, recouvert, transformé par des virus innombrables. Certes, nous saisissons le neuf en ce qu'il ne ressasse pas de l'archaïque, en ce qu'il rompt des pluies parallèles, des constances, des symétries, mais il faut bien connaître ces dernières pour évaluer l'écart et vivre le processus. De même qu'il vaut mieux avoir erré au large pour repérer l'originalité de son ancrage local, de même voyager dans le passé permet de mieux saisir ce qui vient. Le monde se transforme tant que jamais il n'eut autant besoin d'opérateurs de transformation.

Voici les champs qu'ils travaillent.

Espaces et champs

TRAVERSÉES

Les termes précédents, verseau, versatile, sont formés à partir de la préposition *vers*, qui marque une direction de l'espace, translation ou rotation, et la flèche du temps. Formé, quant à lui, de deux prépositions, la même plus une autre, le terme traversée y ajoute un mouvement diagonal par lequel se complètent un espace-temps et, bientôt, un champ de forces et d'énergie, où s'évertue la pensée.

Je viens de parler du monde global, mais aussi de nous-mêmes. La boucle de rétroaction qui nous rend dépendants des choses qui dépendent, en effet, de nous fonctionne depuis que nous produisons des artefacts, à savoir dès notre propre aurore. Nous les produisons, et, dans le quotidien le plus local, ils nous conditionnent en retour. Ce n'est plus le même homme, celui qui maîtrise le feu, car la chaleur transforme son alimentation, son habitat, sa peau, sa conduite, sa fragilité ; ce n'est plus le même ami, celui qui use de l'écriture, car elle change ses relations, la vie en commun, l'adaptation et l'intelligence ; ce n'est plus la même femme, celle qui consulte son portable, car il remodèle l'espace, accélère le temps, facilite les accès, rapproche les correspondants. Cor ou corne, la plante du pied dépend de la semelle, le regard des lunettes, le sommeil des murailles, la liberté des femmes de leur ordinateur... Externalisés hors du corps, les artefacts y reviennent en le métamorphosant. L'invention technique retentit en humaine innovation, outils et machines hominisent. Ce processus fonctionne depuis des millénaires et, de rupture en rupture, s'accélère ou ralentit. Nous devenons sans cesse nos propres enfants. En amont de Petite Poucette, *Homo* se somatise et se collectivise par ses artifices.

Revient le double corps, hermaphrodite ou fétiche.

Le fétiche traverse plusieurs régions

Cet état de la Terre à double nature ou de l'homme à double corps, donnés, certes, mais reconstruits par nos finesses industrieuses, résultat inattendu de nos projets, travaux, savoirs efficaces et techniques destructrices de manière croissante au cours des temps, nous l'avons rencontré sous le nom de fétiche.

Or notre rapport au Grand Fétiche se règle peu à peu ou se décide mal dans des réunions politiques, juridiques, internationales. Ce rapport se construit en traversant d'anciennes régions autrefois distinguées : sciences et techniques, droit et politique, plus le religieux, puisqu'il s'agit d'un fétiche. Pour penser ce monde nouveau, nous devons connecter ces régions, entreprise transverse délicate dont l'exigence inattendue fait avoisiner des figures étrangères les unes aux autres, et ne manque pas de choquer les habitués des idées analytiquement distinguées : difficile traversée.

Exemple : nous autres, savants, ingénieurs, hommes de métiers…, travaillons sur des choses. Sujets, nous faisons face à ces objets. Nous avons des intentions, des idées ; ils n'en ont pas. Une pierre, une pomme ne se vengent pas. *Horresco referens*, nous ne sommes point animistes, nous ne croyons pas que les objets ont une âme, couvent des passions, conçoivent des abstractions, comme nous. Donc nous exploitons les choses du monde en les traitant comme des passivités. Or voilà un objet large, global, le monde, qui semble au moins se retourner contre nous. Est-ce un vivant ? Est-ce un dieu ? Non, c'est un fétiche. Nous avons travaillé sur lui et il se conduit soudain comme s'il réagissait à nos exactions. Nous ne pouvons donc plus nous conduire, nous ne pouvons plus penser comme si les objets, vivants compris, se réduisaient à des passivités. Cette leçon renverse les fondements de nos philosophies, les fondations, dites objectives, de nos connaissances.

Critiqué lorsqu'il parut parce que, binaire, sa décision associait, dans un acte de droit, des sujets humains à d'autres qui ne le sont pas, *Le Contrat naturel* ne sonne pas plus étrange que ce Grand Fétiche, binaire lui aussi, donné, mais construit, contradictoire, disparate comme ce contrat dont l'acte mêle hommes et choses, associe des vivants et des objets aux sujets.

Animisme, croyez-vous ? Vous le soupçonniez, dès l'ouverture de ce livre qui donne à penser que le monde pense. À la nuance immense près que l'information et la pensée, quoique du même genre, ne sont pas de la même espèce.

De la philosophie comme traversée

Cet exemple se généralise. La pensée suit-elle deux mouvements : elle descend le long du Grand Récit et profite du jaillissement incessant, inattendu et inventif de ses transformations métamorphiques, mais, par un mouvement transverse, en traverse les avatars disparates. Le Récit vient vers nous en multipliant des voies et des embranchements anastomosés, comme un delta aux multiples cours d'eau, en forme d'une large corne d'abondance, s'ouvrant ainsi, en bout d'écoulement, à des régions aussi différentes que la science, les techniques, le droit ou la religion, régions que la philosophie doit traverser pour les relier. Tisserand, je pense grâce au dynamisme de métamorphose fourni par la trame du Grand Récit et grâce à l'élan synthétique ouvert par la chaîne de cette Grande Traversée.

Ainsi, les personnages comme Hermès ou le Tiers-Instruit incarnent, chacun à sa manière, un entrecroisement de voies multiples, un réseau de circulations, une synthèse complexe, comme un être vivant se compose de molécules, tissus, organes et fonctions connectés en réseaux admirables. Voilà pourquoi, pierre milliaire, borne aux carrefours, vif ailé du casque aux pieds, sexe en érection, envoyé courant le monde, ARN messager, traducteur, entremetteur, commerçant, parasite, inventeur de codes et de signes, personnage d'un roman noir où il tue le veilleur Panoptès, ange porteur de messages, dieu de l'Olympe…, Hermès siégeait jadis aux croisements des routes. Non seulement il symbolise nœuds, voies et bifurcations, mais son corps vivant les tisse, les unit et les traverse. Il participe donc à cette Grande Traversée, dont les synthèses se nouent comme des entrelacs. Voilà encore un fétiche, éclatant de bifurcations.

Pour se soucier concrètement des vivants et des choses, des hommes et de leurs grands rassemblements, pour penser enfin, le philosophe associe l'ensemble des idoles au ciel des idées ; le Panthéon des premières doit encore s'ajouter au zoo des bêtes, rampantes, nageuses et volantes ; et ainsi, vers l'amont, en remontant vers le big bang, à la genèse première des choses. Les idées ou les concepts se réduiraient à des objets volants, à des mots gelés, mal assemblés, comme une mitraille qui tomberait en grêle sur ma frêle embarcation, s'ils ne se mêlaient point à des bêtes, à des mythes, à des idoles, aux corps mêmes que le Grand Récit invente de son dynamisme sous-jacent, enfin à des personnages et à leurs rassemblements. Ces incarnés, dont l'existence contingente implique un éventail multiplié de virtuels, réalisent de meilleures synthèses que les abstractions.

Penser : connecter corps simples et molécules, bêtes et espèces, corps et personnages, hommes et dieux, tribus et sociétés, idoles et idées, traverser en diagonale les multiples ruissellements dont le delta, somptueux et détaillé, finit temporairement le Grand Récit. Par parenthèse, les nouvelles technologies facilitent de telles traversées, en connectant des domaines multiples et des paramètres nombreux, donc des synthèses nouvelles et inattendues, s'avançant mieux que jamais vers le concret. Ce mot, concret, signifie justement cette croissance d'éléments vers l'accrétion. Un particulier dispose aujourd'hui de chiffres précis et nombreux sur l'état global du monde, alors que les potentats de l'histoire n'accédèrent jamais à de telles synthèses.

Triviale analyse

Ni le monde, ni la vie, ni la pensée ne divisent leurs difficultés en autant de parties qu'il faudrait pour les mieux résoudre ; d'autant que, souvent, ces parties tendent vers l'infini, sinon vers un grand nombre ou quelque explosion combinatoire, défiant le compte. Pis encore, il suffit parfois de diviser ainsi pour ne plus rien tirer au clair, car, souvent, l'urgence oblige à faire vite ; comment s'assurer que l'on n'a rien omis ? Or ces parties, aussi souvent, tissent un réseau de chemins et de carrefours, d'arêtes et de sommets, dont la toile peut composer, soudain, par entrelacs, un simplexe, une figure, un être nouveaux dont la constitution dense et serrée comprend ces millions d'éléments et les fait jouer ensemble, en un geste inattendu d'intégration.

La philosophie cherche à inventer, donc à produire des synthèses. Inversement, l'analyse reste une opération triviale, un travail aisé, le plus souvent possible. Découper, désosser, plumer, peler un poulet : choses d'autant plus faciles qu'auparavant on le saigne à mort pour qu'il ne bouge ; tenter de comprendre quoi ou qui lui donne vie, invention inouïe. Différentier : travail trivial, désarticulation de la réalité. Sommer, intégrer, connecter, traverser, penser : œuvre souvent redoutable… invention inaccessible ?

S'il n'y a pas de méthode pour y accéder, au moins peut-on en dessiner quelque figure.

Une loi des trois états

À l'âge oral, nos ancêtres pensaient, justement, par héros et récits : Gilgamesh en quête d'immortalité, Ulysse découvreur de terres inconnues, Vénus et Vulcain, producteurs de soi ou de merveilles. Grâce à l'écriture, surtout à celle qui procède par lettres d'alphabet, nous descendîmes ensuite à l'élémentaire, de sorte que s'imposèrent la géométrie par éléments et la pensée par idées. Platon écrivit ce que Socrate, qui ne voulait pas écrire, disait. Alors, le concept de cercle permit de synthétiser en un mot rapide une foule disparate de ronds, le concept de beauté ou de vertu comprit en une seule énonciation un ensemble innombrable de beaux corps ou de belles œuvres et celui de bonté une multiplicité immense d'actes estimables ; voilà une économie de pensée réussie à la limite de sommes infinies. Cette découverte de l'abstrait reste un incroyable exploit.

À l'âge numérique, nous avons moins besoin de cette abstraction, puisque, manipulée, la vitesse électronique permet de balayer en un clin d'œil autant d'exemples concrets que l'on veut visiter. Le virtuel les fait abonder, les fait renaître même. Nous pouvons donc revenir à l'icône, à l'idole, au récit concret, au héros, à l'espèce incarnée, à la bête, à la chose même, à la foule de personnes que ce texte expose, bref, aux sujets de la pensée, à ce qui gît dessous. Jadis méprisés pour leur naïveté, les interlocuteurs, dans les dialogues de Platon, se réveillent aujourd'hui, passé ce long sommeil dogmatique, et prétendent, par ma voix, que l'on peut désormais parler d'une belle femme ou d'une belle cavale aussi bien que de l'idée abstraite de beauté, elle-même sans beauté, que l'on peut parler de Théétète, si courageux qu'il expire à la guerre, ou de Socrate têtu plutôt que du concept de vertu, si peu vertueux. Ce retour en spirale de l'idée vers la figure ne peut plus passer pour une régression sotte, comme une impuissance à conceptualiser, mais constitue, au contraire, un progrès cognitif, un gain de réalité. Un traité d'anatomie montre moins aujourd'hui un schéma formel de hanche que des IRM variées, prises aux bassins de ce vieillard, de cette jeune fille, de tel nouveau-né. Aristote reparaît après Platon.

Jadis et naguère, l'idée se réduisait à l'abstrait en éliminant le concret, alors que la figure ou le personnage, en tant que symboles, sommes, synthèses, intégrales singulières, conservent l'abstrait, certes, mais y allient les choses du monde et la vie dans sa chair. Le verrou de l'abstraction se desserrant, la multiplicité du réel et la foule des personnes en jaillissent comme d'une corne d'abondance. Paradoxe : par le virtuel, retrouvons-nous le concret ? En cette figure, en ce personnage, *concrets*, beaucoup de choses *croissent ensemble*. Quel gain de réel que l'éventail de cette croissance ! Cela signifie-t-il quelque reflux du doux vers le dur ? Et de l'unité vers la pluralité disparate des individus originaux ?

L'envoyeur et l'envoyé

Personnage intéressant, l'envoyé se dirige vers le lieu que lui assigne son expéditeur : Michel Strogoff, pour le tsar, vers Irkoutsk ; le démon, pour Maxwell, au guichet des molécules. L'envoyeur dit le but, trace vaguement l'itinéraire ; le messager ne part point tout à fait à l'aveuglette. Mais il parcourt le monde, pénètre des terres inconnues, y rencontre monstres et merveilles, casse sa carcasse par chance, accident, tempête et bonace, bref, vit une vie de rêve, si belle que son récit, fameux, oublie vite l'envoyeur, présent seulement pendant le hors-d'œuvre et retrouvé en conclusion. Oui, l'envoyé explore et dessine un pays, un champ, un espace saturé de passages et d'obstacles.

Disparaissant peu à peu derrière l'horizon des montagnes et le temps du Récit, la figure unique du berger paissant ses brebis laisse-t-elle à ses ouailles nombreuses les paysages de montagne ? Enfermé au palais, le tsar lance l'aventure de Michel Strogoff dont les péripéties occupent le récit. Qui se souciera du décideur ? Oublié Homère aveugle, vive Ulysse aux mille tours dans les îles de la Méditerranée ! La tapisserie que tisse Pénélope dessine le portulan que traverse son marin de mari : la totalité de *L'Odyssée*, la mer, ses archipels et ses tempêtes, un espace et des mouvements, autrement dit un champ d'énergies et de forces.

Dualité de la décision

Qui décide, auparavant, de l'aventure ? Gardons les pieds sur
terre en commençant par le messager piéton. Observez le petit
enfant en apprentissage de marche. Pourquoi tombe-t-il souvent ?
Il vacille certes sur des jambes grêles, mais surtout se précipite, se
hâte vers sa maman ; du coup, il regarde peu où poser, l'un après
l'autre, ses pieds. Or marcher suppose une double intention : ne
pas trébucher, savoir où l'on va. Ainsi l'alpiniste épie-t-il, attentif,
les prises des mains et des orteils, mais ne cesse de prévoir par où
passe la voie. À cheval, maintenant. Bifurquent les deux yeux du
cavalier : un œil sous les sabots de la monture pour éviter qu'elle
ne bronche en renâclant et l'autre braqué vers les détours et les
embûches du chemin – débusquer les pierres proches, occasions
de chutes, anticiper les branches hautes, les virages lointains et
la direction d'ensemble.

La conduite se dédouble, locale et globale. Tel cétacé fait
équipe avec son poisson-pilote. Ces deux fonctions du pilotage
restent cependant liées ; une seule entraîne à la catastrophe. À
bord du *Titanic*, la nuit fatale, la décision brusque du chef de
quart : à droite et non pas tout droit, fit que l'iceberg, découpant
tout du long la ligne de flottaison, rendit les cloisons étanches
inutiles, et que le voyage s'acheva au fond. Couplée au contraire,
la conduite dépend aussi du volume de la monture ou du
véhicule : si le cheval grossit et devient éléphant ou paquebot, il
acquiert plus d'inertie. À droite, commande le cornac, en piquant
l'oreille du pachyderme lancé dans la savane arborée ; l'animal
poursuit pourtant la même route longtemps avant de virer. Un
youyou obéit tout de suite à l'inclinaison du gouvernail ; au-
dessus de dix mille tonnes, il faut attendre au moins un quart
de nautique avant que le bateau change de cap. Passons à

l'entreprise, à une société, à une nation entière, et l'inertie peut devenir considérable. L'introduction de ces deux variables, volume et temps, permet en partie de comprendre l'écart entre les deux fonctions gouvernantes : locale et globale. Le berger crie, seul, mais envoie ses chiens japper au cul des ouailles.

De la marine au gouvernement et à la théologie

D'où ce qui se passe sur une nef d'importance, où se décomposent, à la passerelle, les ordres donnés par le chef de quart et l'effort consenti par l'homme de barre. Celui-ci adapte la joue du vaisseau à la houle immédiate, aux sautes du vent, aux turbulences des courants ; l'autre, préposé à la direction d'ensemble, fait le point et tient l'orthodromie. Ainsi des aéronefs : ici, copilote et pilote en cabine ; là, les salles peuplées de contrôleurs aériens pendant les traversées ou les tours de contrôle au voisinage des aéroports. Autre exemple : le pilote dans un port, en Gironde ou au canal de Suez, connaît localement les effets de petits fonds et le microclimat ; il se moque de la destination, souci dont se préoccupe le pacha client.

Indispensable donc que le commandement, les responsabilités, la décision en général, se décomposent : le stratège se distingue du tacticien. L'un conduit la guerre, l'autre organise le champ de bataille et la cavalerie, l'artillerie et les fantassins en mouvement. Aucun ne souhaite que l'autre marche sur ses plates-bandes.

Vaisseau et gouvernement

Dès l'aube de la philosophie, en Grèce, pays de marins, le bateau joua le rôle de modèle réduit pour penser la société, la politique, l'organisation des collectivités : du terme gouvernail, en grec cybernétique, vint le gouvernement. D'où deux réflexions : l'une sur la science politique, l'autre sur l'automatisation.

Pour la première, s'impose aussitôt le dédoublement précédent, invariant depuis la marche, l'équitation et le vaisseau... jusque, justement, au gouvernement : le pouvoir exécutif se distingue du législatif. De même, le pouvoir temporel se sépare du spirituel. Poutine écoute son idéologue, comme le tsar avoisinait le patriarche, comme Bossuet tonnait face à Louis XIV, comme nos présidents cherchent à influencer la presse ou se méfient d'elle. Mieux vaut savoir clairement qui détient l'un et l'autre pouvoir, comment ils s'interpénètrent et s'utilisent parfois l'un l'autre. L'histoire ancienne et récente enseigne en surabondance les catastrophes et les crimes qui s'ensuivirent de ce que l'un se saisit de l'autre et le fait disparaître : le pape jadis, capitaine séculier, ou, à l'inverse, Staline, Hitler, Mao, Pol Pot, assassins justifiés par leur idéologie.

Quant au pilote automatique, il tente d'intégrer les données immédiates et ses réactions appropriées, parfois l'organisation générale du réseau. La ligne 1 du métro parisien circule sans pilote ; Orlyval de même, les drones aussi... Mais une organisation complexe veille et contrôle, derrière. De même, il existe des logiciels d'aide à la décision. Reste qu'ici, quoique en connaissance de cause, le décideur lui-même doit trancher *hic et nunc*. Autrement dit, le logiciel calcule et propose, le pilote, sur place, même mécanique, décide et dispose.

Au fait, pourquoi notre machine s'appelle-t-elle, en langue française, *ordinateur* plutôt que *compteur* ou *computer* ? Spécialiste de théologie médiévale, un latiniste de génie, offrit, voici un demi-siècle, à ses amis scientifiques de l'École normale le titre de «*Deus ordinator...*» «*Dum Deus calculat, fit mundus*»... «*pondere, mensura, numero*». Ces citations désuètes permettent de passer, en effet, du calculateur ou du compteur à l'ordinateur. Ainsi gravissons-nous la pente verticale de la science politique à la théologie.

Pour un monothéisme strict, voire intégriste, Celui qui règne dans les cieux joue le rôle d'un contrôleur aérien qui se saisirait, en sus, du pilotage, alors qu'il faut distinguer les deux fonctions pour ne pas risquer les erreurs, voire les crimes de l'intégration. Il faut donc n'avoir jamais navigué pour se poser des questions métaphysiques insolubles sur la liberté humaine que l'on croit jugulée face à l'omniscience et à la toute-puissance divines ou à la nécessité universelle. Non, la chose reste aussi simple, je veux dire aussi double qu'à bord d'un bateau ou d'un aéronef : transcendant, Dieu, s'Il existe, contrôle ; immanent, incarné, contingent, l'homme pilote. Invariante de l'enfantin au divin, cette dualité donne au christianisme, religion du Fils incarné, quelque souplesse libre, contingente et concrète, par rapport aux monothéismes de stricte observance, virtuellement dangereux.

Toujours le double corps, toujours l'éclair qui bifurque.

L'envoyé, le dévoyé ou le voyou

Envoyé ou dévoyé ? Le premier peut disposer d'une feuille de route ou même d'une méthode : «Va trier les molécules froides des chaudes ou cours chez les Tartares briser l'élan des insurgés !» Suivent-ils un cahier des charges, inventeront-ils ? S'ils obéissent strictement, ils ne trouveront goutte, car l'envoyeur ignore le terrain et les circonstances. L'envoyé s'y adapte et donc se dévoie ; dévoyé, il sort des voies, délaisse l'itinéraire. Loin de suivre une méthode, ce voyou-là court l'exode, en se détournant des chemins déjà frayés, occupés, justement, par les Tartares qui firent sauter ponts et barrages ; il doit donc passer des fleuves en crue et trouver son chemin alors que ces barbares lui brûlèrent la vue au fer rouge. Pour trier les molécules, un autre installe un improbable guichet. Ils explorent donc un pays neuf, que j'ai nommé Pantopie. Comment s'y prennent-ils et comment les reconnaître ?

Regardez-les donc : autant le corps de l'envoyé s'adapte à sa mission par force, adresse, dimensions, capacités... – connaissez-vous plus sots, teigneux, violents, machistes et tueurs, plus admirablement stupides que ces Tarzan ou Superman musculeux dont Hollywood célèbre encore les victoires en carton-pâte ? –, autant le dévoyé, handicapé, mime d'âme et de corps cette inadaptation ou cette adaptation à l'inattendu à traverser. Transhumaniste, le plus fort cogne et tue ; le faible invente et pense. Borgne, manchot, boiteux, gaucher, le revoilà, ce corps de *travers* !

Les prépositions indexent les géodésiques de la Pantopie

Quand il se dirige en cette odyssée vieille, en cette Pantopie nouvelle, dont il porte sur lui en son corps et son âme la carte aussi bien que les bifurcations, le Gaucher boiteux ne fait pas seulement partie de cette équipe charnelle de préposés, mais aussi du trésor des prépositions, plus légères et douces. Traversant, il va vers et à travers ; il passe par ; il court à et vit avec ; vient de ; marche sur ; rampe sous ; s'arrête chez ; reste dans ; s'échappe hors ; chemine parmi ; travaille pour ; se tient entre... Les prépositions organisent et gouvernent l'espace-temps avant qu'une géodésique ne s'y trace ; comme si elles indexaient un pré-espace, avant tout itinéraire possible. Elles modèlent la langue, elles sculptent les choses du monde, elles me constituent. Je vis et pense dans et hors, avec et parmi, par et pour, sur et sous, de et vers, je pense et vis entre.

Objection. Lorsque vous dites : « Je vais vers ou reste chez », vous n'affirmez rien qui vaille, puisque vous ne précisez ni votre résidence ni votre destination. Ces deux phrases n'ont aucun sens, ni au sens de la signification des termes ni au sens de la direction dans l'espace. Réponse. Voilà cependant ce que je veux dire et même très exactement... Ces prépositions n'indiquent point, et vous avez raison, le point actuel vers où je me dirige, ni le lieu actuel où me reposer. Mais elles désignent la virtualité de ce déplacement ou de cet arrêt ; je peux aller, je peux rester partout, j'ai le choix parmi des millions de possibles, comme si je me trouvais en une place rayonnante, à la manière d'une étoile, à partir de laquelle je pourrais aller partout. Bien nommées, les pré-positions précèdent et le mouvement et la position, dans une sorte de pré-espace ou de pré-temps virtuels, potentiels, conditionnels, pourquoi pas transcendantaux, comme les préposés restent à disposition. Indexé par l'ensemble des prépositions, cet espace-temps conditionne et prépare toute traversée, toute synthèse, toute pensée inventive.

Précieuse boîte à outils de potentialités, cet ensemble de mots-clés ressemble, par exemple, à un coffre-fort de cet argent défini comme équivalent général. Comme un capital, ces prépositions apparaissent comme l'or et l'argent du langage, comparables encore au corps qui n'est pas mais qui peut. Les prépositions ne sont pas, elles peuvent. Impotentes seules, puissantes et capables couplées.

Exemple. Gaucherie et claudication symbolisent, marquent, incarnent, résument notre faiblesse, notre inadaptation au monde. Ce trou, cette faille s'ouvre si largement que, pour nous adapter aux choses et aux autres, nous devons mettre *entre* le monde et nous des mots, le langage, bref, des envoyés ou messagers, enfin une masse énorme d'abstraction, mythes et culture, sciences et raison. Toute la pensée.

Entre? Ce mot-clé ouvre un espace-temps exemplaire et particulier, intermédiaire, ensemencé, comme il sied, d'obstacles et de passages, un champ d'énergie traversé de messages et de messagers, un paysage... Le voici.

ENTRE

Bifurquant au cours d'une tempête, l'éclair qui gouverne l'Univers et la pensée décharge son énergie *entre* deux pôles.

La Tempête de Giorgione

Passé la naissance d'un enfant que la mère allaite encore, un couple vient de divorcer. Paysage: un ruisseau les sépare, dont les rives escarpées laissent peu d'espoir pour un passage aisé ; jeté en amont, un pont en offre cependant quelque facilité, mais lointaine, vague et comme dans le dos de chacun – souvenir du passé, de l'époque où ils s'aimaient ? Rive gauche, une route, par où peut passer le messager, muni, comme il sied, de son bâton de pèlerin, longe l'eau ; à droite, au contraire, le rivage densément bâti ouvre à la femme maints foyers pour abriter sa progéniture. Hermès voyage, l'ange passe ; Hestia ou Vesta reste et demeure. Giorgione repeint les aventures canoniques d'un couple banal. Rien de nouveau sous cette *Tempête*.

Césure de la rivière ; lien du pont ; revêtement plat et lisse de la voie ; érection haute et close de l'habitat : voilà des éléments contradictoires qui caractérisent non seulement la relation de ces deux modèles divins, mais aussi le lien, tout humain, du mâle et de la femme, du mari et de la mère, mais, plus encore, tout espace-temps de communication où des relations, difficiles et commodes à la fois, obéissent, dans la durée, à une logique à deux valeurs, mauvaise ou bonne, par rupture ou liaison, par une évolution qui passe d'amour à indifférence, d'affection à dégoût quelquefois. Courant depuis longtemps un espace-temps de ce genre, la langue, comme l'amour, varie entre la meilleure et la pire des choses.

Comment ces renversements peuvent-ils survenir ? Où se trouve le moteur qui permet ces changements, d'où vient l'énergie qui préside à ces transformations lentes, progressives, parfois foudroyantes ? Giorgione donne la réponse : dans l'orage qui menace, dans la foudre qui tombe, dans l'éclair qui bifurque et zigzague dans le ciel taché de nuages et dont Héraclite a dit jadis qu'il gouverne l'Univers. Oui, dans *La Tempête*. Son énergie produit double effet : le tonnerre tue, le feu vivifie. S'adoraientils, se détestent-ils ? Producteurs d'un petit d'homme, les voici séparés, jadis unis et incendiés par la puissance de la vie, brûlant des feux du désir et de la haine. Amoureux ou physique, un coup de foudre, que je sache, provient toujours d'un court-circuit entre deux pôles opposés. Issues d'une même mise en relation, une intuition, une invention claquent et brillent comme cet éclair ; oui, l'éclair dont Héraclite a dit qu'il gouverne l'Univers.

L'espace de la pensée se situe *entre*

Des voies, des arrêts, des obstacles, des murs structurent ensemble et contradictoirement l'espace-temps des communications figuré sur ce tableau. Il se charge, de plus, d'une énergie qui permet les transformations, bifurcations ou inventions. Voilà, en précision, un champ énergétique. Or penser demande aussi cette puissance qui se décharge, comme la foudre, dans un espace-temps à plusieurs valeurs, parmi lesquelles sa force réalisée choisit un sens parmi les différentes directions suivies par les voies qui le traversent. Transcendantal, cet espace-temps des relations rend possibles mille émotions subtiles ou bouleversantes, dont la brûlure conditionne puissamment l'invention qui bifurque, la pensée qui crée, l'amour qui fait vivre. Transcendantal, ici, ou conditionnel, désigne, de plus, des opérateurs de transformation.

Cet espace-temps, Giorgione le fait voir ; Carpaccio l'a peint aussi.

Carpaccio, *Sainte Conversation*

Une reprise du couple Hermès-Hestia, Carpaccio l'esquissa dans le tableau fameux où Hippolyte, reine des Amazones, à cheval devant un détachement de cavalières, vient signer un traité de paix avec Thésée, vieillard barbu assis devant un pupitre et entouré de trois assistants. Là, le jeu traditionnel s'inverse, puisque la femme, sauvage, a galopé parmi taillis et futaies, alors que le mâle, immobile, s'abrite sous un gîte et se protège par le droit. Entre les vieux rivaux, le traité de paix vaut le passage du pont, sous la *Tempête*, entre les deux riverains. Mais le pacte des personnages cache ici, en grande partie, l'espace-temps, projeté sur le contrat en attente, formaté par l'écrit. Passage de l'énergie guerrière à la douceur du contrat.

La *Sainte Conversation*, où plusieurs ponts traversent l'espace-temps, le restitue en grand. Le tableau dissocie aussi les deux sexes : trois mères, assises, veillent sur deux enfants, alors que l'un des deux vieux mâles, à droite de la table des femmes, monte sur la marche de l'estrade à l'aide d'un bâton de voyageur – on dirait qu'il vient d'arriver –, alors qu'à gauche, l'autre, comme absent, s'abîme dans une lecture pieuse ; tous deux sont étrangers à la trinité féminine. Aucun ne dit mot, pas de rapport entre eux. Mais, à l'arrière-fond, abondent, en effet, les ponts, naturels ou bâtis, fragiles ou vertigineux, enjambant des rivières ou des plaines. Règne encore ici la dualité entre le passage aisé de la relation et sa coupure nette, montrant l'ambiguïté entre le silence et la parole, puisque nul, dans cette scène sainte, ne se regarde ni ne paraît se parler, sauf que l'Enfant Jésus semble faire signe à saint Jean-Baptiste en franchissant le fleuve musical que deux anges font couler entre eux par cordes et cymbales, comme en diagonale. Pas de flamme, pas de langue de feu, pas d'éclair ni d'orage, mais une intensité sonore privée de signification, donc totipotente et dont la parole à venir choisira, justement et à son tour, le sens. La métamorphose jaillira de l'énergie universelle ouverte par la musique. Là encore, comme chez Giorgione, se dévoile et se déploie l'espace-temps, le champ énergétique de la communication.

Vénitien, Carpaccio habitait une ville pavée d'îles, veinée de canaux, diagonalisée de ponts, où les déplacements, souvent, connectent le déconnecté ou déconnectent le connecté. D'où l'on devine notre code universel : zéro et un. Code double, comme notre corps.

Ceci n'est pas un décor

Ces rivières, passerelles, grottes, roches, bâtisses ou routes ne constituent point un décor à l'arrière d'une scène où joueraient, pour la montre, des personnes, mythiques, saintes, laïques ou divines. Au contraire, le paysage alentour extériorise, objective, externalise, de façon riante ou sévère, ce qui se passe en eux, en leur âme et conscience, intentions et passions, mieux encore, ce qui passe entre eux, dont la force les transforme et les métamorphose. En quelque manière, il projette, chaque fois et à sa manière, ce qui a lieu en une Annonciation, entre un ange et une femme, à la Visitation, entre deux futures mères, pendant la dernière Cène, entre un groupe qui comporte des fervents et un traître... bref, une *carte de Tendre*, avec ses plaines et vallons, ses rochers d'orgueil, ses fleuves courant la pente de l'inclination, ses ports, ses ponts, chemins menteurs et mers dangereuses, ce lac d'indifférence et cet océan d'inimitié où règnent orages et vagues démontées, passions énergiques et transformatrices. La *Clélie* de Madeleine de Scudéry redessine, avec intelligence et finesse, la *Sainte Conversation* ou *La Tempête*, les annonces, les visites, les fêtes de famille..., aussi bien que la paix fragile conclue entre Hippolyte et Thésée, ci-devant et sans doute en guerre longtemps, toujours riverains, donc sans cesse voisins et rivaux.

Rivaux de Goya

Dans le tableau qu'en son début décrit *Le Contrat naturel*, Goya montre ce que Hegel ne voit pas. Chez ce dernier, le maître et l'esclave luttent l'un contre l'autre sans que quiconque, lisant la description tout abstraite de la scène, puisse jamais deviner dans quel stade ni sur quel pré s'affrontent les pugnaces. Pas d'espace, pas de champ. Comme n'importe quel spectateur naïf, le philosophe ne s'intéresse qu'à la question navrante suivante, portant sur la force et le temps : qui va gagner, qui va battre l'autre, qui va prendre le pouvoir ? Comme tous ne se passionnent qu'à la mort, le milieu dans lequel la bataille fait rage s'absente. Au contraire, Goya fait voir les deux combattants luttant debout dans des sables mouvants dont la viscosité, peu à peu, les absorbera vivants. Revient le champ d'énergie.

Goya voit, certes, ce qui se passe entre eux, mais, en fin de compte, il reste presque aussi aveugle que le dialecticien en ce qu'il introduit, justement, un tiers combattant dans le milieu même de la lutte. Lui aussi ne voit que la mort. En définitive, la bataille aura bientôt lieu entre le puits attractif du sol poisseux et les deux acharnés dont l'opposition va vite virer en une alliance que nécessitera le risque commun. Le tableau ne l'indique pas de sorte que la lutte recommencera dans l'aveuglement de chacun. Mais pourtant survient ici une puissante indication sur un événement nouveau émergé au milieu. Encore une fois, une transformation.

Espace de communication : énergie, topologie

Rien de plus sérieux que ces sables, que les madrigaux et galanteries de Tendre, rien de plus sensé que sa carte, que ces lises dangereuses, ces fleuves et ces ponts, rien de plus profond que ces représentations. Tentez, en effet, de citer psychologie, politique ou sociologie dont les analyses puissent vraiment se passer d'un espace-temps, continu ou discontinu, où passent, où explosent, où menacent, où s'affrontent, où se bloquent des forces ? Donc d'*une topologie munie d'une énergétique*. Toute stratégie, en général, tout programme d'action, toute science des rêves même, la pensée enfin, évaluent des transferts dont les transformations ne peuvent émerger que sous l'effet de puissances dans un lieu défini, le long de parcours lents ou courts, laminaires ou brisés.

J'admire intuitivement, sans la comprendre en détail, l'histoire de Psyché telle que la racontent La Fontaine et Apulée, où une jeune belle, portant le nom même de l'âme, condamnée par les oracles, paraît chuter dans un ravin de montagne, mais, en fait, s'envole sur les ailes de Zéphyr pour atterrir, passé son ascension, dans le palais merveilleusement improbable de l'orgasme où son amant, l'Amour, reste invisible de jour. Lorsque, ensuite, poussée par la jalousie haineuse de ses sœurs, elle déroge aux lois d'aveuglement que l'amoureux canonique lui impose, commence, pour elle et sa rédemption, une traversée de désert ascétique, parmi la soif de la séparation... Bref, Psyché traverse sans cesse des espaces magiques, légers ou tragiques, ceux-là mêmes que je tente de décrire avec les peintres qui précèdent, espaces où erre l'âme entre l'amour et le manque, où erre la pensée entre le manque et l'invention.

Mieux, comment décrire ce paysage désert lui-même, purement extérieur, sans corps ni âme qui vaille, sans acteur ni personnage présent ou alentour, sans Hermès angélique ni Vierge vestale, sans duellistes aux matraques..., sinon comme un espace qui unit et sépare mille choses disparates, inertes et vivantes, qui habitent là ou y passent, comme un lieu traversé de voies et de puissances, de relations et d'obstacles, de la chaleur solaire et de la force des volcans, de poisons et de phéromones, de réseaux et d'interactions, bref, une topologie plus une énergétique? Ôtez les deux sexes ou les deux battants, effacez les hommes et les femmes : rien ne change, le monde se comporte comme nous autres, notre espace-temps de communication comme le sien et le sien comme le nôtre. Toujours un milieu au beau mi-lieu.

Admirez la préscience d'Empédocle dont le génie sut déployer jadis, pour les voies et les forces du monde, enchaînées ou déchaînées, les deux termes humains d'Amour et de Haine. Tempête dans les âmes, tempête dans le ciel, mêmes éclairs ; annonce dans les mots, conception dans la chair, même changement. Coupé en deux – objectif dehors et subjectif dedans –, le format récent de notre culture interdit l'audace de les réunir. Pourtant, je l'assume et l'exprime de cette façon : *extérieur* ou *intérieur*, mêmes *intervalles* ; *interne* ou *externe*, même *intermédiaire* ; *hors* ou *dans*, même *entre*. En structurant le même espace-temps, amour et haine réunissent, séparent, transforment les femmes et les hommes, certes, mais aussi bien les choses, les mots et les notes, les notions et les atomes, espaces et nombres, nations et régions, langues et savoirs... En faisant des choses ce qu'elles sont et de nous ce que nous sommes, ils nous poussent à penser. Encore une traversée.

De fait, quelles choses et bientôt quelles personnes circulent, habitent, transitent-elles en ce lieu qu'Empédocle, entre autres, nous montre? Ensuite et plus abstraitement, quel lieu hantent-elles? Enfin: la pensée y circule-t-elle, y naît-elle, y invente-t-elle?

Des choses d'abord

En l'Antiquité grecque et romaine, un usage d'hospitalité voulait qu'au moment de quitter le logis, l'invité cassât en deux une sorte de jeton en terre cuite et en gardât par-devers lui une moitié alors que son hôte en conservait la seconde. Si d'aventure, plus tard, l'un des deux ou même l'un de ses descendants rencontrait l'autre ou son parent, ils pouvaient se reconnaître grâce à la réunion des deux parts autrefois découpées, opération qui fonctionnait selon le modèle que les biochimistes nomment clé-serrure. *Quasi-objet*, au sens que j'ai donné jadis à ce mot, ce jeton, que les usagers d'alors appelaient *tessère*, circulait dans le temps et l'espace entre l'hôte au sens de l'accueillant et l'hôte au sens de l'invité.

Latine, cette tessère se nommait, en langue grecque ancienne, symbole, mot qui désigne ce qui se passe ou va ensemble, ce qui unit, joint ou convient, la rencontre après la césure. Cette tessère-symbole d'hospitalité se présente, certes, comme un morceau, matériel, de pâte à modeler, cuite et dure, mais se termine, sur chaque face du partage, par des dentelures aléatoires fines, spécifiques, propres à la reconnaissance de chacun des hôtes, lisibles donc en quelque façon, comme un grimoire, une page écrite, tracée, gravée par les deux personnes, par les deux sujets, mais aussi lisibles par les deux objets eux-mêmes qui s'emboîtent l'un sur l'autre selon leurs découpages:

stéréospécificité objective, c'est-à-dire lecture réciproque, en somme de l'information.

Tessère ou terre cuite plus dentelures égale donc matière plus signes ; symbole égale support plus message, dur plus doux. Voilà qui matérialise ou symbolise la transformation ; voilà un transformateur.

Argent et quasi-objets

À l'hôte hospitalier succède l'hôtel payant. Le symbole-jeton circulait entre deux personnes ou deux familles précises. L'argent, quant à lui, fait de même entre porteurs quelconques en nombre. Lui aussi se compose d'une masse, d'or, d'argent, d'airain ou d'alliage, de papier pour le billet, le chèque ou la traite, de silicium ou d'écran pour la monnaie numérique, et de quelques ciselures ou impressions douces indiquant la valeur. Argent égale matière plus signe, support plus message, dur plus doux. Il matérialise, il symbolise la transformation. Voilà encore un transformateur, et d'une puissance incomparable, selon sa masse capitalisée, sa vitesse de circulation et son lieu de placement.

Tous les quasi-objets qui peuplent l'espace-temps de communication y circulent ou y demeurent, peuvent se décomposer comme je viens de le montrer pour le symbole ou la monnaie. La page du message que j'expédie à mes destinataires ou que des expéditeurs me destinent porte des signes sur du papier, de l'écrit ou de l'imprimé sur de la matière. Mon cri, mon appel, ma supplication, ma prière : voilà plusieurs trains d'ondes qui ébranlent l'air ambiant, émanés de ma glotte et reçus ou non par le tympan des voisins. Sur ce paquet-cadeau je marque l'adresse de ma bien-aimée... Vélin-écrit, corps-ondes...: toujours le couple support-message, matériel-logiciel, dureté-douceur. Chose vraie encore du marbre, gravé voici des millénaires et déchiffré par un expert; vraie toujours de la paroi au fond de la grotte, à Lascaux. Roche et dessin; toile et peinture...: voilà un bon bilan de ces quasi-objets. Ils matérialisent et ils symbolisent la transformation.

Quelle transformation? Celle qui, dans la tessère, transite de la terre cuite aux dentelures; dans l'argent, de l'or massif ou de l'alliage à la valeur nominale; sur la page ou autre support, de la cire, du marbre ou de l'encre aux nombres ou aux chiffres exprimés ou de la masse offerte à l'adresse écrite. En somme, de la matière aux signes, du dur vers le doux. Et, quant à nous, de l'hostilité, parfois, à l'hospitalité, par exemple. L'espace-temps des communications devient un creuset de changements, de transformations ou de morphismes.

Ce pays transitionnel que je voulais nommer Pantopie, mappemonde où des îles se cachent sous le nom d'Utopies, pourrait se dire Morphie, le pays des formes et métamorphoses.

Utopie du stade : le ballon

Malgré son titre et ses ambitions, la sociologie a du mal à définir le collectif. Mais, sur un modèle réduit, les spectateurs le voient se déployer au stade, où le ballon trace et dessine les relations rapides qui font vivre une équipe. Le modèle du bouc émissaire ne donne, de ces relations, qu'un schéma instantané, figé, fixe, étoilé ou pyramidal, hiérarchique, organisé autour du morphisme roi-victime, point attracteur de tous les lyncheurs, qui deviennent parfois adorateurs. Sur la pelouse sportive, l'on peut attaquer ou plaquer seulement le porteur de la balle, désigné alors pour le sacrifice ; mais celui-ci, loin de rester le même, varie follement dans le temps, selon la vitesse des passes. Le centre de l'étoile passant, ainsi, de l'un à l'autre, capricieusement, cela constitue un réseau métastable et mobile qui faseye et fluctue. Bonne image du collectif et de l'espace-temps qui se déploie entre les participants. Sur le terrain se montre le modèle réduit, en réseau dynamique et spatial fluctuant, des relations sociétales.

Ce spectacle sans texte offre, au stade, une excellente image de l'ensemble des échanges qui circulent entre nous, portés par la tessère, les messages ou la monnaie, mais aussi par les dons, éventuellement transformables en dommages, les cadeaux, qui peuvent être empoisonnés, les bouquets de fleurs, dont les feuilles et les branches peuvent dissimuler, sous l'offrande, un aspic... Ces quasi-objets transforment une masse de personnes en un collectif dont la vie s'organise et varie follement dans le temps.

Le champ commence à se dessiner.

Chimie de la catalyse

Voici maintenant un échange vital. Nous autres animaux mangeons des sucres et, en respirant l'oxygène, produisons du gaz carbonique ; en présence d'eau, les plantes absorbent ce CO_2 et produisent des sucres et de l'oxygène. Simple et fondamentale, cette réaction chimique définit ce qui se passe *entre* elles et nous. Autrement dit, nous échangeons des molécules qui s'échangent déjà dans des réactions où certains corps réagissent ou non à tels ou tels autres. Depuis longtemps, les chimistes nomment affinité cette propension ou répulsion. De ce fait, Goethe, successeur, sur ce point, d'Empédocle, tira un roman d'amour dont le titre, *Les Affinités électives*, mime cette propriété simple des corps élémentaires. Proche de la mienne, son intuition consiste à voir que ce qui se passe entre les choses se passe aussi bien entre les hommes…

… et les femmes qui portent de si grands nombres : dans le ventre d'une mère, pendant neuf mois, un million de réactions chimiques par seconde forment l'embryon. Cette fabrique formidable crée, en effet, pendant cette durée, un corps à milliers de milliards de cellules, comportant elles-mêmes des milliers de molécules. L'explosion de vie mérite son nom. Comment comprendre ce qui rend possible cette performance incompréhensible ? Par la catalyse. On appelle catalyseur un corps qui entre dans telle réaction sans y participer, mais en la favorisant, de sorte qu'il sort de la transformation comme il y entra. Je ne connais pas de meilleur exemple d'une chose qui existe ou qui circule entre et entre seulement. On dirait une tessère, on croirait un ballon. Merveilleusement petit, mais puissant formidablement.

Or, second miracle, l'efficacité d'un catalyseur dans les réactions biochimiques – celles de la vie – l'emporte sur celle qui favorise les réactions de chimie ordinaire – celles de la matière minérale – par une différence de dix puissance dix-neuf unités, ordre de grandeur dont le caractère gigantesque égale celui que propose Brillouin pour comparer les énergies à l'échelle entropique avec celles qui descendent au niveau informationnel. Pourquoi ne pas rêver de définir le miracle proprement explosif, puissamment invasif, de la vie, mais aussi celui du signe, par ce chiffre ? Ai-je découvert là le secret – de Polichinelle – de la vie même ?

Quelle transformation ? demandai-je. Celle qui, d'une chose, fait de l'information. Celle qui, d'une et deux cellules, fait un petit d'homme. Des choses comme telles aux vivants, l'espace-temps de communication s'enrichit d'autant.

Des vivants

On appelle parasite l'un des animaux les mieux adaptés à cet espace-temps intermédiaire ; il y habite, y circule, y prospère. Hermès interprète, le Parasite intercepte. Il existe plus d'espèces parasites que d'autres – preuve que la vie pullule et prolifère dans ce milieu-là –, où elles interceptent de la nourriture, de la chaleur, les conditions générales de leur survie, certes, mais aussi des messages. Or, les langues latines utilisent le même mot pour ces bactéries, insectes, arthropodes ou hommes que pour le bruit qui peut interrompre la transmission des signaux échangés. Exemple : aussi chaudement que flambe l'opposition entre deux ou plusieurs polémistes, un dialogue, par exemple, peut se décrire comme une lutte commune de ces personnes, alors alliées, contre un ennemi commun, les parasites, dont le bruit empêcherait ce dialogue d'avoir lieu. Miracle et transformation : la bataille tourne au contrat.

Mieux encore, l'abus parasitaire peut aboutir à la mort de l'hôte, enfin saigné à blanc ; pis, à la mort de tous les hôtes possibles. De ce coup, voilà les écornifleurs en risque de disparaître, eux aussi, par manque de nourriture, par défaut de fournisseurs et d'habitat. Il arrive alors que certains d'entre eux quittent le rôle exclusif de pique-assiettes, je veux dire cessent de tout prendre sans rien rendre, pour signer une sorte de contrat d'échange plus équilibré ; ils inventent la symbiose.

Ainsi, maintes bactéries peuplant notre intestin, aidant à la digestion, descendent directement de parasites qui induisirent jadis, chez des aïeux lointains, des épidémies mortelles ; ainsi, les noyaux des eucaryotes témoignent de procaryotes qui envahirent une cellule hôte ; ainsi, les lichens associent une algue et un champignon ; ainsi, peut-être, les composants des pluricellulaires ont-ils dû, à un moment, signer entre eux un contrat de symbiose. Voilà des redresseurs, voilà des transformateurs. Miracle, le parasitisme passe à la symbiose, l'abus à l'usage, la guerre à la paix, la mort à la vie.

Mieux, toujours, une erreur dans la transcription du code génétique, donc un parasite, peut déclencher une mutation, c'est-à-dire la production d'une nouvelle espèce, en somme un stade dans l'évolution à la mode darwinienne. Un monstre prometteur traduit alors la *felix culpa*, la fameuse heureuse faute destinale. Ce transformateur s'élève alors à la dignité de générateur d'une bifurcation dans le temps de la vie, exactement de moteur temporel. Par un nouveau court-circuit, la mort donne la vie.

L'espace-temps de communication fourmille d'innovations, d'inventions, de nouveautés : ce que je voulais démontrer. Allons-nous vers le creuset de la pensée ?

Les humains

René Girard décrit ce qui se passe parfois entre nous, mieux encore entre beaucoup. Épidémie de peste, crise économique ou politique : un drame de ce genre secoue une communauté ; elle en désigne alors le responsable en l'accusant de mille maux : avoir tué son père, couché avec sa mère... Ainsi convaincu, il succombe aux outrages et aux malfaisances de la foule dont le déchaînement le lynche et le met à mort. Passé ce crime, ladite communauté transforme la victime en roi ou en dieu, parfois.

L'un des nombreux boucs émissaires de notre histoire abominable vivait dans les commencements de la Rome antique. La Ville guerroyait contre les Sabins. Une vestale, nommée *Tarpeia*, permit, par des signaux, que la légion pût pénétrer de nuit la ville ennemie. Pour la récompenser de ce service et, partant, de leur victoire, chaque légionnaire lança sur elle, en remerciement, son propre bouclier. Quel cadeau empoisonné! Déchiquetée, lapidée sous l'amas de ces disques de ferraille, la pauvre femme, écrasée, rendit l'âme. Voilà le lynchage. Or la vestale s'appelait *Tarpeia*. Gréco-latin, ce nom désigne, à la lettre, un tropisme, c'est-à-dire une transformation. Par parenthèse, la famille de ce mot comprend aussi bien la torture et le tourment que la trouvaille du troubadour, l'une des premières phrases de ce livre; consacré à l'invention de pensée, il ne pouvait pas ne pas rencontrer, mieux, ne pas trouver cette femme et son nom.

Fort connue et contenant peut-être un mystère du pouvoir, la transformation symbolisée par le nom de la vestale s'exprime comme suit: la roche Tarpéienne se trouve près du Capitole; autrement dit, ce lieu, dont le nom commémore celui de Tarpeia, et d'où l'on balançait dans le vide les condamnés à mort, avoisinait le palais des rois. En bref, la victime peut devenir roi, le Christ ou Mandela; le roi risque de chuter au rang de victime. De Romulus à Kennedy, notre histoire tragique – l'adjectif tragique désigne, justement, le bouc émissaire – en fourmille d'exemples. La violence sociale peut donc prendre deux directions: soit le meurtre, soit le triomphe, pile et face de la même pièce… zéro et un, notre code universel.

Circulant ou stable dans l'espace-temps des relations, le bouc émissaire concentre la puissance du groupe, reçoit l'éclair, le tonnerre, la tempête... de sa violence ou, au contraire, peut en émettre la foudre. Il incarne la transformation. À la lettre, Tarpeia est un transformateur.

Qui ou quoi passe entre nous ? Des redresseurs. Des transformateurs. Comment ces transformateurs fonctionnent-ils ? Par les hautes énergies de l'éclair ou de la tempête, mais aussi par les quatre opérations qui réduisent l'énergie à l'échelle minime du signe : recevoir de l'information, en émettre, la stocker, la traiter.

Quel itinéraire tracent-ils ? Une ligne entre deux points, pour la tessère. Le bouc émissaire produit une sorte d'étoile, un pôle autour duquel rayonnent les meurtriers ou les assujettis. Mobile entre mille mains, l'argent dessine une toile fluctuante, comme fait n'importe quel message écrit, oral ou numérique ; ainsi font les parasites de toute farine. Du coup, l'espace-temps forme un champ, une sorte de plate-forme munie de ses lignes de force et de sa force de transformation. Un réseau.

Sciences cognitives primitives

Quand, pour faire comprendre la naissance du savoir et de la pensée, les Lumières évoquèrent la table rase des scribes d'autrefois et la comparèrent à l'entendement sur lequel le monde marque, à l'aventure, ses sensibles impressions, ils reprirent le même couple support-message, en termes classiques, matière-signal, ou en termes récents, matériel-logiciel. Placée entre nous et l'environnement, la table rase en question désignait la tablette de cire des Anciens dont on lissait les vieilles empreintes lorsqu'on voulait y récrire quelque texte nouveau ; rase signifie « effacée », « gommée », « arasée ». Alors, les événements du monde tracent des marques sur cette page, interne, à nouveau vierge. Les impressions des sens fonctionnent comme une imprimerie. Voilà, de nouveau, une tessère, une paroi, une page, mais intime, mais subjective, mais cognitive. Un écran ?

Que voici. Lorsque le couple matériel-logiciel réapparaît dans le domaine électronique et numérique, l'on constate d'abord que l'écran de l'ordinateur descend directement de cette famille antique, de la vieille tessère dont les dentelures qui signifient surgissent de la terre cuite, de la tablette dont la masse de pâte, préalablement lissée, se trouve scarifiée, j'allais dire informée, par le style du scribe... Ainsi le logiciel d'aujourd'hui surgit-il, lui aussi, d'un matériel formé de cristaux et de molécules.

Cognitive, la table rase descend donc de la tessère hospitalière, mais l'écran usuel en descend aussi ; il s'agit toujours du couple support-message. Or, ce couple qui circule entre nous distingue moins deux états qu'il ne les montre en train de transiter l'un vers l'autre, de se transformer l'un en l'autre, en une métamorphose continue. Matériel, le logiciel se compose de cristaux et de molécules, qui construisent, en formes, la signification. En somme, le doux est du dur et le dur est du doux ; le dur est partout dense dans le doux, lui-même partout dense dans le dur. L'essentiel se passe entre eux. En termes traditionnels : l'âme est partout dense dans le corps, lui-même partout dense dans l'âme.

En somme et le long des variations qui précèdent, la même transformation fait passer des objets, des choses elles-mêmes, extérieures, à l'entendement, à l'intérieur, au subjectif, soit de l'objectif au cognitif.

Naissance de la pensée ?

Pour voir le savoir

Du savoir individuel, passons à celui qui unit une communauté : université, hôpital, entreprise… Michel Authier a su construire une représentation de l'expertise globale des participants. Sur un écran électronique, l'ensemble de leurs connaissances se dessine sous la forme d'un arbre ; puisque ce qu'ils ont en commun l'emporte en volume sur leurs spécialités originales, s'élève un tronc d'où se déploient des branches d'où se multiplient à loisir des extrémités feuillues. Cette arborescence évolue en temps réel puisque chacun, ne cessant de s'informer, fait fluctuer son expertise, l'améliore, bifurque enfin selon qu'il change son point de vue, accélère sa formation, oublie ou découvre. Pour la première fois, l'on peut jouir du spectacle cognitif global d'un collectif et, surtout, l'on peut intervenir sur lui, selon que l'on désire améliorer ses performances sur tel ou tel point. Jadis impossible, la vue du savoir, aveugle comme celle de l'amour, apparaît au grand jour et se déploie dans un espace original qui fédère les participants d'un même groupe. Étudiants et professeurs dans telle université, cadres et employés dans telle entreprise… habitent les murs, durs, de ces bâtiments, mais hantent également l'espace-temps qui gît entre eux, projeté soudain, sur écran géant, par l'arbre de leurs connaissances, de leur expertise et de leur travail communs.

Invention de la pierre philosophale

À propos de tels échanges, je prétendis jadis avoir découvert la pierre philosophale, dont les alchimistes disaient qu'elle transformait toutes choses en or. Achetez, vendez, commercez entre vous, vous ne cesserez de transformer des marchandises en argent ou celui-ci en celles-là. Jadis, Aristote calculait déjà ce type d'équilibre qu'en toutes ces activités vous recherchez de peur de vous lancer en de mauvaises affaires ou de pécher par abus ou injustice. Cet équilibre sur lequel se fondent encore bien des calculs d'économistes, cette équité recherchée par la sagesse, ces transformations symétriques rendent impossible quelque création nouvelle : jeux à somme nulle.

Or si, en enseignant, vous donnez un théorème ou un poème, ô miracle, vous les conservez ; mieux, de les expliquer, ils croissent et s'améliorent en votre tête. De cet écart géant à l'équilibre naît un mouvement perpétuel, impossible dans aucun autre échange. Initiatrice et productrice des cultures et des sciences, cette surabondance crée, entre nous, de la gratuité : cette pierre a plus de prix que l'or. La pensée foisonne. Voyez-la grandir sur l'arbre. Elle invente, ma parole !

Mi-lieu et milieu

Grandir : dans ses primes pages, *Le Tiers-Instruit* décrit le nageur en train de traverser un fleuve ; non loin de la rive de départ, il garde l'assurance de pouvoir revenir pour y reprendre pied ; non loin de l'autre côté, il acquiert la certitude d'un semblable port. Mais au milieu du parcours, juste entre les deux rives, lieu au fond le plus profond, l'angoisse peut le saisir de n'avoir de secours que sa propre force. Voilà un souvenir adolescent que, sénescent ou infantile, je racontais. Je rêvais encore d'accéder au rivage d'en face.

Voici la suite de l'histoire, vieillie et expérimentée. Entraîné par le courant flambant, le nageur ne peut accéder, de fait, au rivage d'en face, car le fleuve le pousse au-delà de sa bouche et le vomit au large. Là, le lieu entre, jadis étroit comme un fil ou une gorge entre deux rives, se gonfle et explose, la ligne fluviatile mince du mi-lieu devenant le milieu immense et global de la mer ; là s'envole l'espoir du repos sur du solide concret. Voici l'athlète isolé dans un indéfini qui ressemble à la vie héroïque et à l'abstrait lisse, entre deux rives à distance infinie.

Anaximandre et l'espace indéfini

À l'abstrait ? Voici à peu près trois millénaires, Anaximandre découvrit ou construisit l'espace indéfini dans lequel les mathématiciens hellènes, suivis par Euclide et d'autres, plus tard et sans interruption, installèrent les objets de la géométrie, points, lignes, plans, solides et vecteurs. Supposez que ces objets, quels qu'ils soient, s'écartent les uns des autres, indéfiniment ; ils laisseront entre eux cette abstraction désertique ultime que propose le présocratique et sans laquelle rien, en mathématiques, n'eût jamais été pensé. Or un fragment célèbre de Simplicius déclare que cet indéfini émergea dès lors que son inventeur comprit que «les éléments, eau, air, terre et feu, se rendaient justice et réparation de leur mutuelle injustice».

L'espace-temps de communication entre les hommes ou les éléments, dont Empédocle assura, plus tard, qu'amour et haine le traversent, a-t-il produit l'espace de la géométrie comme son propre descendant ? Cet intermédiaire a-t-il aussi produit d'autres espaces ? Je le pense et cherche à faire voir son caractère radical. Voilà que revient le geste de Platon lorsqu'il fait surgir les idées à partir des dialogues que tiennent Socrate et d'autres avec divers interlocuteurs. Oui, de la géométrie émanent les idées, mais la première naît de relations.

Lesquelles ?

Les mathématiques

Si, en grec, *logos* n'avait signifié que langage et parole échangée entre nous, la terre hellène, sans originalité, n'eût jamais rien inventé. Le génie grec donna au *logos* le sens, radicalement nouveau, de rapport et proportion entre deux nombres : a/b. À partir de là, cette proportion ne cessa plus de désigner, pour tous les savants du monde et de l'histoire, le nom même de leurs sciences : cosmologie, biologie... Quant à l'*analogon*, extension du *logos* premier ou égalité entre deux proportions et trois ou quatre nombres, il servit alors de chaînon aux démonstrations de la géométrie. J'ai dit ailleurs que les mathématiques introduisent la rigueur dans l'ontologie analogique, propre à certaines cultures décrites par l'ethnologie.

De là suivent mille questions. Qu'y a-t-il entre les nombres premiers ? Les entiers. Entre les entiers ? Les rationnels. Entre les rationnels ? Le continu des réels. Entre les abscisses et les ordonnées ? Les nombres complexes, puis les quaternions. Entre les dimensions ? Les fractales. Que se passe-t-il entre les nombres et l'espace, entre l'algèbre et la géométrie, entre l'arithmétique et l'analyse, entre une axiomatique et le système qui s'ensuit ? La réponse à ces dernières questions couvre, sans doute, l'histoire de cette science-miracle – j'appelle miracle ce fait, patent, que plus on y pénètre dans l'abstrait pur, plus on y a de chances de rencontrer le réel concret –, couvre, dis-je, son champ de découvertes, toujours et aujourd'hui encore en voie d'unification. Par un court-circuit aveuglant où le présent, complexe, rencontre l'émergence grecque, le topos mathématique ultime, pantopie si j'ose dire, ressemble à l'indéfini d'origine, lisse et blanc de toutes les couleurs, qu'Anaximandre ouvrit pour rendre justice aux éléments dont le disparate tonnait d'injustice, pour mettre en relation tout ce qui, en apparence, n'a pas de rapport. Depuis toujours, la mathématique pense analogiquement.

À me référer à cette discipline d'un intérêt quasi mystique et aux merveilles souveraines qu'elle tire de l'analogie, au sens dont je viens de préciser l'ampleur et la complexité, à revoir sa clarté blanche, sa diabolique sophistication et sa relation mystérieuse au réel le plus concret, je l'assimile volontiers à la pensée tout court, au mouvement même de l'invention.

Géomètres ou non, nous innovons entre.

Physique et chimie

À preuve, la physique, dont les grandes découvertes naquirent dans cet espace-temps intermédiaire : attraction universelle entre les corps ; propagation de la chaleur ; électricité, magnétisme, théorie des champs ; relativité, vitesse de la lumière ; mécanique quantique ; forces d'interaction ; branes, cordes… Ne venons-nous pas d'apprendre, voici moins d'un an, que l'interaction déterminait, produisait même la masse ? Leibniz ne disait-il pas déjà que « la relation faisait l'être » ?

L'énergie coule de deux sources : haute et basse, voici la cascade ; chaude et froide, voilà le moteur thermique ; pôle plus et pôle moins, différence de potentiel, voilà l'électricité... La puissance naît entre. Chimiques ou biochimiques, les réactions concernent ce qui se passe entre les corps simples et les molécules. Cette préposition ne caractérise pas seulement un espace-temps, mais elle peut, là encore, produire un moteur. Elle ne suppose pas seulement une ligne, sur laquelle s'opposeraient deux seules valeurs contradictoires, elle décrit un volume, un réseau à autant de dimensions que l'on voudra, ensemencé partout de disparate et de relations, de barrages et de sas.

La puissance qui caractérise l'espace-temps de communication peut donc jaillir de l'écart entre les choses, les mots, les personnes ou les mondes.

Les vols habités

Entre les mondes ? L'information transforme le monde et la vie. Énergie douce, elle informe le dur, les vivants et les choses du monde. Comment distinguer ces duretés, dites matérielles, de cette douceur ? Par le biais de l'énergie. Comment, maintenant, cette douceur peut-elle entrer en dureté ou, comme on dit, entrer en matière ? Cette question, nous devons, parfois, la résoudre en pratique. Et l'expérience concrète, quasi critique, que j'ai choisie pour éclairer ce problème concerne l'espace et, de nouveau, un espace entre : celui qui sépare la planète et l'Univers. Voici.

J'ai laissé plus haut le télescope *Hubble* courir le ciel, envoyé, expédié par les fusées de la Nasa ; j'ai laissé aussi les anges revenir de voyage, saturés de messages. Que signifient les anges dans cette phrase? Des personnages ou des trains d'ondes? Des messagers, durs de corps, ou des messages, doux de signes?

Nouveaux envoyés: «Volez dans l'espace, Gagarine, Armstrong..., et revenez vite nous dire ce que vous y vîtes!» Chrétien répondit un jour à cette demande comme Arlequin fit jadis: «C'est comme dans Tintin!» rit-il. La question de l'adoucissement se pose, certes, pour le processus de pensée ou l'expédition de correspondance, mais, ici, corporellement, pour les cosmonautes. Étant donné le prix et les risques de l'expédition, lunaire ou martienne, se pose la question: peut-on, doit-on remplacer nos messagers réels par des ondes à distance? Donc, encore, le dur par le doux, le réel par le virtuel? Peut-on, doit-on supprimer les vols habités? Autrement dit: les messages valent-ils les messagers? Question angélique, proprement.

Le messager devient le message

Réponse: si l'énergie de propulsion a simplement crû, côté dur, un autre type, doux, de communication émergea. Aussi loin qu'accèdent nos vaisseaux, Lune aujourd'hui, Mars demain peut-être, le dialogue avec les navigateurs continue et reste assez stable pour assurer une sorte de «présence» constante. Nos envoyés partent mais, en quelque manière, demeurent; nous ne coupons plus les relations, alors qu'Ulysse n'envoyait pas de message à Ithaque; comme toute femme de marin, jusqu'à une époque récente, Pénélope restait seule et attendait. Un certain présentiel demeure, stationne, séjourne, se maintient désormais parmi nous, anciennement sourds et muets aux envoyés, eux-mêmes sourds et muets pendant leur absence – aucune nouvelle de Nemo, bien nommé. Ce tissu permanent, cette toile stable de communication en continu change la nature du voyage, et pas seulement celui de ces aventuriers spatiaux. Car nous coupons aussi peu nos relations avec ceux qui, à terre, habitent ou se déplacent, comme au Vendée Globe sous le pôle ou à deux pas, tout à côté.

Mieux, invariants par nos déplacements et ceux de leurs destinataires, nos messages qui passent l'étendue ne changent pas seulement la solitude de nos errances, ils touchent à la nature de l'espace que hante notre société. Or, si nous changeons d'espace, doivent aussi changer nos conduites, nos productions, nos institutions, enfin notre pensée. Jadis et naguère, nous vivions, en effet, dans un espace euclidien, cartésien, en somme métrique, où l'on chiffrait les distances, dont beaucoup restaient peu accessibles; voilà pourquoi demeuraient nécessaires dix métiers: facteurs, envoyés, chiens de berger, messagers, matelots ou, aux limites de distance, cosmonautes. Nous habitons aujourd'hui un espace de voisinages immédiats, une topologie sans mesure. À vivre ainsi dans un espace quasi sans lacune, à ne jamais quitter nos relations, nous ne nous vivons plus ensemble de la même façon. Les plus éloignés deviennent nos prochains. Voilà donc pour les individus.

Voici pour la collectivité. Nos institutions anciennes – conduites, mœurs, droit et politique – s'étaient construites sur cette vieille étendue lacunaire par où les messages ou ne passaient pas ou transitaient avec difficulté, en une culture odysséenne de la séparation, parfois de l'exclusion, marquée de frontières, mesurées en kilomètres, de limites et de bornes, oui, de nations. Or, il n'y a plus isolat ni dispersion, il n'existe plus d'île, même d'Utopie. À cette nouvelle ère, où nous habitons cet espace de voisinages immédiats, devraient correspondre d'autres usages collectifs, d'autres manières de vivre ensemble, un droit nouveau, des institutions politiques à inventer, une anthropologie renouvelée, des manières neuves d'enseigner, apprendre, penser.

Corps

D'où la décision, exemplaire, sur les vols habités, où le corps, dur, se déplace dans le métrique, et où l'onde, douce, suscite la topologie. Il s'agit de répondre aux questions : que pouvons-nous faire sans corps ? que ne pouvons-nous pas faire sans lui ? quelles connaissances peut-on acquérir ? quelles manipulations peut-on expérimenter ? quels travaux peut-on exécuter, à distance, en son absence ? jusqu'où pouvons-nous aller sans présence réelle, sans les envoyés eux-mêmes, sans personnage, sans l'incarnation de médiateurs ? peut-on tracer un seuil entre doux et dur ? comment basculer d'un espace dans l'autre ? Ces interrogations ne touchent pas seulement ces voyages extrêmes dans l'espace au large, mais notre civilisation entière de proximité, comme un modèle réduit ou géant de notre société, de ses institutions, de sa culture et de sa politique. Jadis, Platon et d'autres méditaient sur les institutions politiques en prenant parfois l'exemple ou le modèle réduit de la conduite des vaisseaux, dite, en grec, cybernétique. Selon cette ligne, nos vaisseaux spatiaux m'inspirent.

Dans une culture où les réseaux et les signaux tiennent le temps réel et l'étendue globale, où ils émettent, reçoivent, stockent et traitent la quasi-totalité de nos informations, où ils tendent à conditionner tout ou partie de nos actes et de nos travaux, l'ultime question concerne la présence, le témoignage, les actes et l'être même du corps. Au bout de tous les messages, peut-on ou non se passer de lui, quand, dans quelles circonstances et pour quel ouvrage ? Ne faut-il donc pas définir l'incarnation comme l'adhérence qui résiste à la messagerie ? Et l'Incarnation comme la retraite des anges ? Comme si l'esprit était plus facile à mécaniser que le corps ; comme si l'on renversait les anciennes relations du corps et de l'âme, de ce dur et de ce doux qui forment, de ce texte, la chaîne et la trame. Faut-il supprimer les vols habités ? Cela dépend du corps et nous ramène aux réflexions menées tantôt sur lui et à la nature même des personnages que je viens de ravir aux dialogues de Platon, donc à la cognition, au rapport entre matériel et logiciel, corps et âme, dur et doux, c'est-à-dire à la pensée.

Cette hésitation, cette différence ou quasi-équivalence entre virtuel et présentiel, sur laquelle je reviens plus loin avec quelque détail, se tranchent, parfois, sur d'autres impératifs que ceux de la performance efficace : on en juge et en décide selon la sécurité, le prix, les investissements. Mais en définitive, et sauf exceptions, nous pouvons beaucoup à distance et en virtuel. Tout se passe comme si le messager tendait à fondre au profit du message, comme si le personnage transitait d'un dur vers le doux. Cet adoucissement, tissant le filigrane de ces pages, caractérise la pensée contemporaine, où, en effet, le messager devient souvent le message, où le personnage tend à se faire information et où, en somme, la chair s'abstrait en verbe. « *Et caro verbum facta est.* »

Hermès, les anges, la foule des messagers… restent-ils en équilibre, comme en transition, entre ces deux avatars : information réalisée en personne ou personnages aériens quasi évanouis en information ?

Da capo: une fable à l'envers

Un mot sur la chair. L'équilibre psychique des cosmonautes dépend du temps passé en vol, au milieu de l'abstraction des machines. Qui ne sait d'expérience combien une longue vie en ville, dans un environnement technique, donc stérile, change le comportement? Le rat des champs et celui des cités n'acquièrent ni ne perdent la même sapience au même degré. Épuisé – de quoi? –, le second prend des vacances. Où? Devant la mer, en montagne, chez le campagnol – *aujourd'hui, le rat des champs reçoit le rat de la capitale, d'une manière rurale, à la fête des vivants…* –, pour renouer avec la Biogée, terre et vie sans lesquelles il perdrait sapience, sans lesquelles notre voyageur spatial sombrerait tôt ou tard dans la folie. Sans vie alentour, en combien de mois perd-on son âme? Sans Garonne mère, sans les boulbènes battantes de ma terre natale, que serais-je devenu? Le milieu de ce livre et de l'histoire consonne donc avec leur commencement: même devant notre ordinateur, nous restons toujours construits par le Grand Récit.

L'espace-temps devient le monde lui-même.

Hésitation entre présentiel et virtuel

Premier cas: le message devient le messager. 25 mars. L'Ange du Seigneur apparut à Marie et elle conçut du Saint-Esprit. Annonce et passage du message: Annonciation. « *Et verbum caro factum est.* » Et le Verbe se fait chair. Douceur devient dureté.

25 décembre. Neuf mois après, à Noël, les anges dans nos campagnes volent autour de Bethléem: ils tirent leur révérence. Nous ne les reverrons plus. Nul n'a plus besoin d'eux, puisque naît le Médiateur qui remplacera leurs annonces verbales par

corps, leurs annonces douces par l'Incarnation, dure et mortelle. Le Verbe incarné habite parmi nous. Nul n'a plus besoin de messages puisqu'advient le Messager. Dont le corps vit si fort qu'il triomphe de la mort.

L'ère chrétienne commence par cette nouveauté, par cette mutation, cette transformation ou métamorphose du verbe en chair, du message en messager, de l'information en personnage. L'ère mute aujourd'hui sous nos yeux, par cette nouveauté inverse, cette métamorphose du messager en message, du personnage en information.

Notre temps, notre pensée vibrent en équilibre métastable, comme en double traversée, retour et aller, entre les messages et le messager, entre douceur et dureté. Quand je pense, je prétends à ce double voyage, à cette vibration, à ce déséquilibre instable et stable. Je pense, donc je tremble du réel au virtuel et du virtuel au réel.

Annonciation, Visitation, noces de Cana

Je reviens à l'Annonciation – la scène la plus souvent représentée dans l'histoire de la peinture ? Que se passe-t-il, là, entre Gabriel et cette jeune Vierge ? Une parole : « Salut, Marie » ; une réponse : « Oui. » Où l'annonce et l'humble aveu ont-ils lieu ? Sur la toile, dans l'espace peint des paroles qui volent, dans le tableau dont les couleurs et les lignes restituent l'espace même de la rencontre, de l'échange, du dialogue silencieux, de l'humble acceptation.

Énergie. Le frère Angélique couvre les ailes de l'archange en suivant le dégradé de la lumière et des couleurs. Dès que ces mots se prononcèrent – « Veux-tu ? — J'accepte » –, tout le spectre nucléaire de cette flamme blanche se déchargea par le miracle étincelant de l'amour transcendant. Coup de foudre, l'éclair arc-en-ciel descendit du ciel. Ainsi le plus beau des tableaux du monde reproduit-il, dans l'ordre mystique, la scène trop humaine de *La Tempête* : même topologie, même énergétique. Eh, que pèserait l'amour si le verbe, doux, potentiel, léger, virtuel..., ne s'y faisait pas chair, dure, lourde, réelle, douloureuse, enchantée... ? Miracle de l'Incarnation.

Enceinte désormais du Messie, Marie traverse la montagne pour y faire visite à sa cousine Élisabeth, enceinte, elle aussi, du Précurseur. Que se passa-t-il entre elles ? Dès que la première salua la seconde, l'enfant tressaillit dans son sein ; émue par ce mouvement, la seconde bénit celle qui la visitait ; aussitôt, la voix de la première entonna le *Magnificat*. Annonciation : le verbe se fait chair. Visitation : la chair se fait verbe. Miracles.

Que se passa-t-il encore entre les mariés, entre les familiers, entre les invités, entre les parents et les serviteurs aux épousailles de Cana, entre Marie, la mère, et son fils ? Elle lui dit que la fête, soudain, manquait de vin ; en réponse, il lui demanda ce qu'il y avait entre lui et elle. Il y eut, justement, cette transformation. Eh oui, que serait une noce, que serait une fête, que serait, à nouveau, un amour, si l'eau ne s'y changeait point en vin ? Miracle !

Énergique, l'espace-temps de communication surabonde en métamorphoses.

Religion

Le christianisme ne cesse d'annoncer les phénomènes extraordinaires dont cet espace-temps intermédiaire surabonde, lorsque la communication y devient communion. Lors de la dernière

Cène, pendant que les apôtres, réunis autour de la table, échangent le pain rompu par le Maître et que le calice y court de main en main, le pain se transsubstantie en corps et le vin en sang. Métamorphique, l'espace de communion – celui de la Cène elle-même, peint, représenté, commémoré si souvent, et où les écarts et la table réunissent et séparent les participants au repas – rend de nouveau possibles deux transsubstantiations. Miracles!

Que se passe-t-il enfin entre les apôtres réunis au matin de la Pentecôte? Pas autre chose: les langues disparates y deviennent transparentes pour chacun, quelle que soit la sienne, sous le feu et le vent déchaînés par celle qui descend du ciel, comme l'éclair tout à l'heure. L'opacité y devient clarté. La série de ces prodiges canoniques se résume dans la parole qui définit et caractérise cet espace entre: «Quand deux ou trois sont réunis en mon nom, je suis là, au milieu d'eux» (Matthieu, XVIII, 20).

Plus généralement, le terme *religion*, issu du verbe *relier*, désigne cet espace-temps de relations entre toutes choses, vivants ou personnes. Entre *Ju* et *Piter*, le jour et le père, s'ouvre le même interstice que celui marqué par l'écart entre «Notre Père» et «Qui êtes aux cieux». Comment ma relation filiale d'amour peut-elle avoir lieu sous la clarté du jour? Comment, dans un espace-temps purement physique, peut s'éveiller un affect réciproque? Comment, dans la nature, une culture naît-elle?

Bilan temporaire et traversée. Ce champ énergétique, cet espace-temps métamorphique, les peintres l'exhibent, nos pratiques le traversent, maints messages y circulent, l'Univers le déploie, la mathématique l'expose et l'explore, la physique le découvre, la chimie et la biologie l'analysent, la connaissance y découvre ses merveilles, la religion ses miracles…: l'arbre des savoirs le fait voir.

Entre vient de *en*, dedans, à l'intérieur, et de *trans*, à travers, dehors, ailleurs. *Entre* mélange l'immanence à la transcendance.

SERRES

Vivons-nous, à l'ordinaire, en cet habitat double ? Je n'en doute pas. Exemples. Ferroviaire, maritime, routière, une gare, un aéroport dirigent les aspirants au voyage vers une destination choisie ; les voilà entre départ et arrivée ; un tribunal amène les plaideurs à une décision qu'ils espèrent ou redoutent ; un hôpital accompagne les malades, entre aise et désaise, vers la mort ou au recouvrement de la santé ; une école, une université, une bibliothèque initient à des connaissances ; une église, un temple, une synagogue élèvent à la prière, promettent le salut, conseillent la sainteté... En ces lieux de passage ou de transition, il arrive qu'une affiche, généralement consacrée à des horaires – ceux des trains ou des envols, des cours et conférences, agenda de fonctionnement pour les divers services –, tente de dessiner au moins, d'ouvrir au plus, un second espace, presque toujours lié au temps et promettant une transformation.

Outre leur architecture propre, chacun de ces bâtiments comporte un porche conduisant vers un autre lieu que le sien et d'une autre nature, ou du moins promet de l'ouvrir. Si le premier bâti, visible, construit, habitable, repéré, mille fois traversé, demeure concret, local, construit de pierres, de tuiles, verre, fer ou béton, bref immanent, celui-là, virtuel, ne nous apparaît que projeté, comme l'adresse écrite sur un paquet, l'écriture réalisant cette projection. Quelque valeur qu'il contienne, ce paquet, sans adresse, finirait aux objets perdus. Ainsi, entrée ou sortie se lisent sur une porte ; sans ce sens, celle-ci n'en a pas. Ni cette bâtisse sans cette promesse. Que dire d'une gare qui ne dirigerait nulle part ?

Chaque affiche écrite et placardée sur les murs projette, ici ou là, une figure singulière de l'espace-temps de communication et de transformation que je cherche ici à décrire. Ainsi, les horaires des trains et des vols montrent-ils celui des transports dans une région, un pays ou à travers le monde ; les plans des hôpitaux guident vers les soins et font espérer les guérisons ; les heures de cours initient à des savoirs ; les chants d'alléluias préparent à l'extase face à la rosace et au vitrail de la cathédrale dont les images éclatent devant l'espérance des ouailles. Les religions, au moins leur partie mystique, ne procèdent-elles point, en quelque sorte, à l'addition, à l'intégrale de ces projections ? Comme une autre traversée, la transcendance, alors bien nommée, somme-t-elle cet espace-temps des transformations ?

Serres

Or donc, si l'on en croit Héraclite, nos demeures individuelles ouvriraient aussi vers elle. Alors qu'il se chauffait auprès d'un four de boulanger, il aurait donné cette réponse à des visiteurs éberlués de le voir là : « Ici aussi résident les dieux. » Pas seulement dans le tabernacle ou dans le Saint des saints, mais face au fournil banal. Assis non loin d'un poêle d'Allemagne, Descartes assista, de même, à la lutte entre Dieu et le Malin Génie. Ne dirait-on pas deux vestales dans leur oratoire en train de veiller au feu sacré ? Ne dirait-on point deux maisons antiques où le foyer s'ouvrait sur la maison des morts, lares ou pénates ? Où se trouve, chez vous, la cheminée, je veux dire le chemin par où passe, la nuit du plein hiver, le père Noël des enfants, par où passe aussi Hermès, ange ou cambrioleur, traître ou traducteur ? Ou, plus simplement, les fenêtres, dont la transparence laisse passer la lumière du soleil, et les contrevents ouverts que la brise aère ? Ou, plus récemment, dix écrans dont la lucidité traduit l'extérieur du monde ?

On appelle salon le lieu de la maison où la famille reçoit les voisins, amis ou étrangers, l'endroit où la vie privée peut devenir publique, où s'extériorisent les usages intimes, bref, où ils peuvent s'exposer. Diderot ou Baudelaire décrivent toiles ou statues admirées aux salons d'exposition. Nous hantons désormais les salons de coiffure et visitons ceux de l'automobile ou de l'agriculture, mieux, du chocolat, oubliant ce double sens premier de l'intérieur extériorisé, ce que dit le mot exposition. En général et plus près de l'origine, *Habiter* dit que le lieu où nous voulons vivre répète toujours plus ou moins l'utérus où nous vécûmes ; mais ce livre omit d'écrire que, non loin du fœtus, la matrice s'ouvre sur le canal vaginal, porte et promesse d'une vie nouvelle. Même le lieu fondamental se dédouble : intérieur et extérieur. Toute maison reproduit un salon plus et mieux qu'un système isolé fermé. Plus généralement, pas d'espace sans échelle de Jacob. Lorsque Gilles Deleuze réduit l'immanence à un plan, oublie-t-il l'espace dans lequel ce plan plonge ?

Publiques ou privées, nos bâtisses s'ouvrent-elles sur un autre volume que le leur propre? Ne dirait-on pas des serres, dont une vitre solide et translucide sépare deux volumes en les mêlant, puisqu'elle protège des irrégularités climatiques, foudres ou grêlons, mais concentre à l'intérieur la chaleur solaire? Ne dirait-on pas, simplement, l'espace ordinaire de notre planète, où l'atmosphère, justement par effet de serre, nous sépare de l'Univers en nous y plongeant cependant, tout en transformant ses rayonnements? Mieux encore: rien de plus fermé, de plus étanche que ce scaphandre de cosmonaute, que cette capsule spatiale à des milliers de kilomètres de la Terre, rien cependant de plus ouvert, puisque nous communiquons avec leurs occupants sur dix détails et en temps réel.

Enfin, comment bâtir, aujourd'hui, des logements conformes et adaptés à l'environnement puisque, tout justement, nos maisons, comme l'utérus prénatal, nous préservent de contacts trop durs avec l'extérieur? Faibles et inadaptés, nous ne pouvons survivre qu'à la condition de telles protections: ce mot même le dit, nous avons besoin d'un toit, comme un mollusque de sa coquille ou un crustacé de sa carapace! Prématurés, nous ne pouvons vivre qu'à l'intérieur, cachés, frileux, sous des vêtements, blottis dans des murs, isolés dans des îles. Nos échanges avec le monde et les autres transitent à travers limites et cloisons. Insulaires, nous ne vivons que de serres.

Même dans le quotidien paraissent donc ces transitions, discontinues et continues, entre une immanence, diffusée partout, et une transcendance, partout infusée. En fait, nous habitons toujours deux lieux: celui de la physique, de la vie ou du monde, immanent, et cette transcendance dont la présence absente nous hante et que nous cherchons sans cesse, par tous les moyens. Quelle ignorance les sépara ?

Décomposez encore la préposition entre : *en* reste vers l'interne et *trans* va vers l'externe ; elle désigne donc cette singularité spatiale, ce fermé-ouvert, cette topologie paradoxale, ramifiée, tout en bifurcation, gauchère, boiteuse...

Topologie ouverte-fermée de cet espace

Général, ce fermé-ouvert se retrouve en tous lieux : défini en son atome, tout élément lance un ou des bras de valence ; toute molécule présente à l'extérieur ses stéréospécificités ; tout organisme s'enveloppe d'une membrane – peau, écaille, écorce ou chitine – mais poreuse, mais trouée d'opercules ; Leibniz a fini par munir d'un lien substantiel ses monades, premièrement sans porte ni fenêtre. L'entropie dégrade tout système isolé fermé qui, à peine ouvert, se dissout, s'évapore, s'évanouit, s'efface. Chaleureuse et fraîche, à l'ombre et à la lumière, construite comme une serre, une maison – igloo, tipi, yourte, hémisphère, cube ou cône – aux murs ou aux parois dénués de trous deviendrait inhabitable. Toute société se ferme sur soi pour monter en puissance, cohésion et densité ; toute connaissance, toute discipline fait de même pour s'assurer définition et cohérence, mais privées d'ouvertures, desséchées, elles mourraient. Voici la geôle, étouffante, voilà l'errance sans domicile, mortelle. Seule, l'ouverture éparpille, évapore ; la fermeture stérilise, dessèche. Les sociétés fermées sont mortes depuis longtemps ; à peine ouvertes, elles périront rapidement ; leur espérance de survie tient à cet équilibre déséquilibré entre l'ouvert et le fermé. Comme toutes choses du monde et le monde, comme tous les vivants, comme tous les collectifs, nous existons et vivons dans et par cette serre généralisée, par et dans une structure topologique paradoxale, mais universelle, formée de murailles et de portes, de défenses et de ponts .

Cette structure conditionne l'exécution des quatre règles citées au commencement de ce livre. La fermeture permet que le système stocke et traite l'énergie et l'information ; sans l'ouverture, il ne recevrait ou n'émettrait ni l'une ni l'autre. Complètement imprévisible, l'information aurait aussi peu de sens que le bruit de fond ; prévisible, elle se réduirait à la répétition. Voilà le secret dual de la pensée : bouclée serrée pour s'assurer rigueur, exactitude, précision ; ouverte, pour découvrir, innover, inventer. Ainsi habite-t-elle et traverse-t-elle l'Univers, mime et crée les choses, vibre de vie et construit sa maison ; ainsi boite-t-elle.

Décrit comme ouvert-fermé, l'espace-temps oscille autour d'un équilibre entre deux contraintes mortelles : ouvert, tout s'évaporerait ; fermé, tout se dessécherait. Voilà pour le support, dur. Et voici pour le message, doux. L'information qui circule entre deux interlocuteurs ou deux pôles quelconques cherche, elle aussi, un équilibre semblable entre deux dangers du même ordre. Imprévisible absolument, je le redis, elle chuterait, insensée, dans le bruit de fond ; prévisible absolument, elle répéterait platement. Elle approxime donc le voisinage d'un seuil où l'imprévisibilité maximale tangente une prévisibilité minimale – nous retrouvons le voisinage, gauche et boiteux, de Newton, dont la loi d'attraction se répète indéfiniment dans l'Univers, et de Démocrite, l'initiateur du stochastique. Ce seuil correspond sans doute au nombre d'éléments que l'information transforme. La meilleure information travaille un ensemble immense de ces éléments. Moins elle en change, plus croît la prévisibilité.

Portes, pores, cols, ponts, ports

Ces opercules, ces pores, ces vitres, affiches, horaires, fenêtres et vitraux, consoles et portables, tous écrans de toutes sortes ouvrent des portes, des voies, des cheminées, des ponts, des cols, des ports vers un virtuel que nous aurons à visiter. En somme, comme toutes choses, comme le monde et les vifs, nous sommes matériels et logiciels, durs et doux. Nous habitons le réel, contingent, concret, local, mais aussi et en même temps l'éventuel, l'inactuel, l'inattendu, en somme, la totalité des nouveautés possibles. Nous vivons et pensons en présence casanière, dans des serres, des villes ou des ports, mais, en même temps et dans le même lieu, en attente. En attente de quoi, de qui ? D'un voyage surprenant, de la tempête ou des caprices de beau temps, de la princesse charmante, des fulgurations d'une épiphanie intuitive, d'un ensemencement de découvertes, de soins pénibles mais prometteurs, bref du stochastique, de l'aléatoire, crainte et espérance, angoisse ponctuée d'émerveillements, l'aventure en somme, oui, la vie mortelle, douloureuse, enchanteresse… Les quatre murs de nos habitats, collectifs ou individuels, imitent le carré modal : pour nous protéger de l'impossible, nous autres, contingents, construisons selon les règles nécessaires de la mécanique, en ouvrant des cheminées, des manches à air, des trous d'aération vers le possible.

Ainsi mélangé d'actuel et de virtuel, comme mon habitat et mon monde, suis-je marqué quelque part au moins d'un trou blanc; candide, Pierrot trace ou tache ma tunique d'Arlequin dont le chromatisme tache ou trace la blancheur du héros lunaire. Ils s'inondent l'un l'autre. Ce mélange étrange conditionne la pensée, personnelle, universelle. À l'horizon infini de ce passage étroit, Dieu pourrait se définir : l'omnitude transparente de la nouveauté.

D'amour et de haine

Parce que, comme toutes choses et tous vivants du monde, nous vivons fermés sur nous-mêmes et, en même temps, ouverts sur l'extérieur, parce que nous mourrions, de corps et d'âme, sans cette contradiction de lieu et de vie, l'amour nous traverse de part en part comme tout premier jaillissement d'existence et de pensée. Nous nous aimons nous-mêmes et nous aimons le prochain, l'immédiatement présent ; nous haïssons aussi ce voisin et nous-mêmes. Le couple passionnel d'amour et de haine entretient de son feu vital le couple fondamental ouvert-fermé ; il en consolide les murs et en orne les portes. Nous nous soumettons à cette double loi comme toutes choses et tous vivants du monde. Nous ne nous construisons comme sujets qu'en aimant ou haïssant ; seul l'amour fait vivre et fait de nous ce que nous sommes.

Du coup, le fondement de la morale s'enracine au plus profond de l'existence et de la pensée, puisque, dès le principe, nous avons à choisir l'amour et de soi et de l'autre en extirpant de nos tripes, de notre sang et de nos muscles, la haine qui en constitue la moitié morne et la pathogène fatalité. La haine rend malade celui ou celle que l'amour guérit ; la première pathétique, le deuxième médecin. Dans un acte, dans une pensée, un geste, une expression, un signe intentionnel, ne serait-ce qu'un réflexe, qui ne reconnaît la source, la couleur, la chaleur ou de haine ou d'amour ?

L'amour fait vivre et la haine tue. Malade, elle répète ; thaumaturge, il invente. Je pense d'amour.

Habiter, encore

La langue latine distingue quatre questions de lieux : *Ubi*, où sommes-nous ? *Quo*, où allons-nous ? *Unde*, d'où venons-nous ? *Qua*, par où passons-nous ? Trois de ces questions, trois de leurs réponses concernent l'espace intermédiaire, alors que je viens de définir celui où nous habitons comme intermédiaire déjà. Mais qui, *nous* ? La faune, notre règne, se distingue de la flore en ce que l'animal court, et cela pour sauver sa peau, échapper aux prédateurs, attraper des proies, mais aussi pour laisser, loin de lui, ses propres excréments. Nous autres animaux, nous autres animés, impénitents automobiles, devons cependant parfois nous arrêter : pour dormir, nous abriter des intempéries, caresser notre amie, accoucher, allaiter, pour nourrir et protéger notre progéniture fragile. Pour penser. *Ubi* : alors et alors seulement, nous vivons ici ou là, un peu à l'imitation des vivants de flore qui, eux, ne bougent pas. Au repos, nous mimons les plantes et les arbres.

Face aux proies et prédateurs, ceux-là se défendent, attaquent ou séduisent en inventant parfums ou poisons, c'est-à-dire la chimie, tout en accumulant leurs déchets dans des tiges ou troncs qui, sur cette masse, élèvent leurs feuilles vers le ciel et la lumière. À quelle hauteur parviendrions-nous si nous déféquions ainsi ? D'autre part, les parois de nos cellules s'assouplissent assez pour nous permettre marche et course, alors que les cellules botaniques, immobiles, ligneuses, durcissent. Le terme cellule prend alors, chez eux, le sens architecte d'élément d'habitat. Sans cesse nous marchons, mais lorsque nous nous arrêtons, nous devenons ces arbres que jadis nous habitions. L'architecte dessine et bâtit des troncs escaladeurs et des branches étagères, variétés du règne floral. Là, nous aimons et rêvons; le reste du temps, nous courons taillis et futaies, plaines et montagnes, rivières et mers, allons, venons et passons. Nous errons entre. Voilà pour le corps.

Encore l'amour

Voici l'âme. *Unde*: nous pleurons l'étendue de nos séparations, nos déchirements brûlants de nostalgie, la perte amère de nos amours. *Quo*: nous célébrons, enflammés, l'écart à nos espérances, la tension de nos attentes. *Qua*: nous effleurons, légers, le point aigu, temporaire, tangent de notre humble passage contingent. Le mot émotion – *motion*, le mouvement; *ex*, l'arrachement du lieu – dessine à la lettre le flux, la topologie et l'énergie des sentiments. L'in-quiétude le répète nommément, dont le balancier bat l'écart à l'équilibre, la sortie perpétuelle du repos, l'horloge du temps intime. Animal ému, j'erre entre: éperdu, suspendu, impatient, agité, rarement tranquille et calmé. *Unde*: je me délivre à peine de ma peur, de ma terreur, de mes ennuis, consumé de souffrance, mais hélas embrasé de mes liesses anciennes aussi. *Quo*: je crains le danger qui me guette; incendié de joie, j'espère qu'un jour mon amie ou Dieu m'attendra. *Qua*, vais-je passer le gué, le pont, le rideau de flammes, l'échec que me prépare ce barrage, l'épreuve, aussi menteuse, de la récompense?

Pourrais-je éprouver ou décrire un seul sentiment, une seule émotion, bref, un seul amour, sans devoir me référer à un espace décrit par une carte de Tendre, sans passer par une vallée de larmes, sans me repérer sur une montée du Carmel, par rapport à un chemin de croix, une traversée du désert, sans errer sur un jeu de l'oie, au voyage pavé de retours et d'allers tirés au sort, de puits, de prisons et de mort, sans voler en une topographie sublime où je souffrirais aux feux de l'Enfer, rouge de bolges et de bouges, où l'angoisse et l'espérance me saisissent au Purgatoire vert, alors que j'exalterais d'allégresse parmi un Paradis de lumière blanche…, sans dessiner le routier, tissé chaque jour au métier de Pénélope et mimant les voyages du voyou qui embouque le détroit aux Sirènes, la caverne mortelle de Polyphème aux flammes puantes et dix archipels de Magiciennes érogènes… Puis-je m'enthousiasmer à quelque projet sans îles mystérieuses munies de volcans, sans archipels déserts et utopiques, sans les fleuves de Sibérie traversés par Michel et Nadia, sans les espèces disparues ou émergeantes pendant l'évolution, sans les théorèmes longuement déployés, démontrés sous les postulats d'Euclide, sans le transfert des repères en cosmologie, sans le Grand Récit, sans les trois âges de ce livre…, tous vénérables ancêtres de la Toile-labyrinthe sur laquelle navigue Petite Poucette… Bref, sans cet espace-temps brûlant de pleurs et de chants que je ne cesse d'habiter, où j'espère parvenir, d'où je me sauve, éperdu, que je sanglote de quitter, par l'étrange arcane duquel je passai, souvent égaré lorsque, gauche, je pensais.

Puissances

Prépositions

Le long de leurs itinéraires, ces voyages retrouvent, çà et là, le champ des prépositions : aller *vers* ; venir *de* ; passer *par*... Les questions classiques portant sur le lieu ne le définissent pas, mais, ici par trois voies, le parcourent potentiellement. Qui voyage là se trouve quelque part entre son départ et sa destination. L'espace ainsi décrit devient, en quelque sorte, un espace vectoriel, comme fléché sur une sorte de mobile. À chaque vecteur s'attache alors une préposition : *à, vers, de, par*... Mais laissons là vecteurs et tenseurs, trop strictement géométriques, pas assez pliables, pas assez topologiques – je rêve de les remplacer par le fil qu'Ariane jadis roula et débobina pour que Thésée parcoure sans se perdre le labyrinthe de Crête, cet espace entre si merveilleusement intelligent –, pour conserver, dis-je, les prépositions, dont l'énoncé permet d'indexer souplement, par repères et voisinages, l'espace-temps que je cherche à décrire.

Par parenthèse, l'intervention inattendue de cette héroïne féminine permet de distinguer l'espace mâle, indéfini et lisse, d'Anaximandre, père d'Euclide et de sa géométrie, de l'espace complet, dense et défini en chaque point du labyrinthe, du dédale, figure mère de la théorie des graphes, ancêtre des réseaux. Ainsi les anciens Grecs n'ont-ils pas inventé un seul espace originaire, mais deux : l'un où les droites non parallèles se coupent, l'autre où s'embrouillent les fils ; l'un monté par le maçon ou tiré par l'arpenteur, l'autre tissé par la tapissière et noué par la fileuse ; l'un aux limites du vide et l'autre au maximum du plein; celui de la mesure rigide ou de la distance et celui des plis, ganses, boucles, torsions, nœuds et voisinages; celui du temps minimal et celui de la durée maximale ou, au moins, du suspense – aurais-je donc écrit ce livre sur la pensée seulement pour tomber un beau matin sur ce beau mot qui en dit tant sur la pensée? –; celui du passage et celui de l'attente; celui des routes et celui des échangeurs; celui du bâtisseur et celui de l'habilleuse; l'un, de la méthode, l'autre de l'exode; l'un, de la démonstration élégante et foudroyante, l'autre, des récits indéfinis des *Mille et Une Nuits*; l'un, de la géométrie, l'autre, de la topologie; l'un, de la rigueur, l'autre, du Grand Récit... L'un, de la ville aux maisons alignées ou de la rectitude des labours, l'autre, des chasseurs-cueilleurs. N'avons-nous pas oublié cette dualité d'habitat?

Or, telles des abeilles dans un champ fleuri, les prépositions se posent plus volontiers sur le second espace, saturé de corolles disparates et de mille singularités, que sur le premier, austère et simplissime. Et parce que leur souci de la rigueur et leur psychologie rigide les poussent à se souvenir de la géométrie en délaissant Ariane sur un rivage, où elle mourut d'amour blessée, les philosophes de la tradition dédaignent les prépositions, volantes et butineuses à travers cette prairie diaprée.

Eurêka!

Ainsi celles d'une langue ouvrent-elles ensemble l'espace-temps, le champ énergétique de sa pensée. Par exemple, entre me paraît une préposition quasi extensible à toutes ses semblables et voisines, je veux même la dire explosive. Elle signifie: au milieu de deux choses quelconques, à l'intérieur de cet intervalle...;

mais, se composant d'un *en* ou *dans* et d'un second élément, signifie de nouveau: transport, traversée, traduction, actions de transiter, de transformer, voire de trépasser. Entre signifie donc à la fois – quelle bombe! – *un mi-lieu* et *tout le milieu*, fleuve et mer, ici et parmi, une singularité particulière et l'universel, *imm*anence et *trans*cendance... Rien de plus discret, modeste, invariant, monosyllabique, rien de plus minuscule et doux que ce mot-là, et voilà qu'il remplit l'Univers!

J'ai trouvé! «Qu'est-ce que la pensée?» avez-vous lu en ouvrant ce livre. Potentielle, puissante, elle ne se définit pas comme on trace une limite autour d'une aire, pleine et dense, pour la circonscrire, non, elle va, vivace, étourdie et petite, se décrivant elle-même, elle court se dessinant, elle jaillit se perlant, elle sursaute en flambant... Elle va *vers* ou *après*, elle vient *de* ou *d'avant*, elle passe *par, sous, sur, à travers*, elle bute *contre*, elle chemine *avec, à côté de, hors de*, elle travaille *pour, selon* son orientation et *malgré* mille obstacles... Ainsi, comme une danse de flammes, trace-t-elle des voies, fuse-t-elle en zigzags, claque-t-elle en éclairs et en sautes de vent, indexe-t-elle des vecteurs ou des tenseurs, émerge-t-elle en des voisinages ou des points d'accumulation, scintille-t-elle comme une étoile, file-t-elle comme une fusée, se déploie-t-elle en artifice ou gerbe d'étincelles... Gambade, croise et encombre nos jambes comme la jolie petite fille vive et frétillante de la promenade. La pensée ne se pose, elle se prépose. En écart à l'équilibre, elle précède toute thèse, antithèse ou synthèse, toutes trois très sottement statiques. En puissance.

Qu'est-ce que la pensée? Pour contempler son geyser de flammes, pour sentir, de sa brise abondante, la rafale fractale, pour s'aveugler en son nuage aux bords flous, nervuré par un réseau de foudre, pour nager par le tourbillon de son courant vif, entrez dans la danse de tous les espace-temps, de tous les réseaux possibles indexés virtuellement par l'ensemble des prépositions... Entrez dans la caverne de Verne, que je décris plus loin, où telle d'entre elles brille comme une escarboucle, l'autre comme un lapis-lazuli, une émeraude ou un saphir et, renvoyant aux autres gemmes les éclats qu'elles reçoivent d'elles, contribuent à construire un volume processuel de lumière... Sortez sous la voûte nocturne, où telle d'entre elles scintille comme Antarès à la tête de Méduse, l'autre comme Arcturus à la queue de l'Ourse – voici Véga de la Lyre, supergéante bleue, voilà Bételgeuse d'Orion, rouge, Aldébaran du Taureau et Deneb du Cygne... –, où les constellations, ensemble, indexent à l'infini l'espace-temps cognitif de la nuit.

Le champ, l'espace-temps de la pensée, rejoint l'Univers du Grand Récit.

Ainsi indexée par les prépositions, la pensée chemine à travers l'Univers et en déploie la splendeur ; ainsi, particule minuscule, fuse-t-elle en interactions qui produisent la masse ; ainsi se glisse-t-elle, inattendue, entre les hommes, leurs paroles, leurs *convers*ations, chamailles et trouvailles ; ainsi connecte-t-elle les disciplines entre elles et favorise-t-elle, en court-circuit, les découvertes, en dépliant aussi le Grand Récit ; ainsi court-elle, douce, discrète, invisible, intuitive, à travers le nuage innombrable et fluide des réseaux neuronaux, au sein du cerveau ; ainsi trottine-t-elle, heureuse, entre les mots de mes livres, ainsi en dresse-t-elle les pages elles-mêmes ; ainsi tisse-t-elle la Toile virtuelle sur laquelle communique Petite Poucette et même la toile des peintres par laquelle j'ai commencé. Filant gaiement, comme une balle élastique, d'une préposition à l'autre, la pensée inventive éclate et se projette des mêmes jets, court les mêmes trajets que la joie.

Joie-étoile, joie-diamant ou joie-enfant, la pensée inonde d'inventions le monde qu'elle forme, transforme, et qu'elle pave de joie.

ÉLOGE DU VIRTUEL

En son processus, la pensée suit l'évolution de l'Univers. De la même façon qu'il évolue et produit, nous pensons et inventons. Forgés par lui, les éléments, composés moléculaires, vivants, espèces et individus, figures et personnes, surgissent, inattendus ; produits par lui, nous produisons les objets techniques, idoles, œuvres d'art, idées ou signes, théories, qui surgissent, imprévisibles. Le monde et nous avons donc en commun le rare, l'improbable, la néguentropie. Oui, l'information gouverne l'Univers. Les prépositions en indexent le Récit en décrivant un espace-temps ouvert-fermé, autrement dit en indiquant les points, les lignes, les nœuds, les directions... du réseau virtuel qui soutient toutes choses.

Virtuel, qu'est-ce à dire ? Le réel, l'Univers, leur Récit auraient pu ne pas exister de la manière qui est la leur ou ne pas exister du tout; moi aussi. Contingents, le monde et moi; contingente, ma pensée. Contingentes, les figures précédentes – hydrogène, fer, ARN, hirondelle et séquoia, diamant, cèdre et tigre, Grand Inquisiteur, Hermès, anges et Parasite, paysages, habitats… – pourraient, auraient pu, de même, ne pas exister. Elles émergèrent. D'où? Du flux qui gît en dessous; du récit contingent jeté sous les lois nécessaires que les prépositions sertissent comme s'ensemencent des perles sur une rivière sinuant au hasard.

Le Grand Récit de l'Univers invente les interactions, la matière, carbone, ADN et fullerène; l'évolution vitale invente les espèces, pinson ou magnolia; les Hébreux inventèrent Chérubin, les Aztèques Quetzalcóatl, Théodore et Théétète les nombres irrationnels; nous ne savons pas qui inventa le marteau ou la roue; Platon inventa Calliclès et les idées, Archimède le roulis, Molière Dom Juan, Cervantès Sancho Pança, Maxwell les champs de forces ou d'énergie, Poincaré le chaos… Comme toutes ces figures, Hermès et Petite Poucette pourraient, auraient pu ne pas exister; ces espace-temps non plus. Tous émergent du mouvement de l'Univers, de la vie, du corps, des cultures, en somme de la pensée. Voilà le résumé des chapitres précédents.

La philosophie tente de suivre et de comprendre ce qui fait que ce réel contingent exista, sa possibilité, ses conditions d'émergence, pour connaître et suivre ce qui gît dessous et qui fait qu'un nouveau contingent, possible, existera, qu'un geste, qu'un travail nouveau l'inventeront. Voilà qu'apparaît le terme: possible. Voici comment le situer: le nécessaire se déduit; le rigoureux se démontre; l'exact ou le précis se mesurent, s'évaluent, se quantifient. Voilà des tableaux à format stable : les sciences. Mais on invente le contingent.

Le possible gouverne-t-il l'Univers ?

Le carré des modes : du doux et du virtuel

Les sciences découvrent les lois nécessaires ou statistiques auxquelles les choses qui existent obéissent. La philosophie interroge le mode d'existence de ces choses, qui eussent pu ne pas exister. Les premières exposent la nécessité de leur mode d'existence ; la philosophie explore le mode contingent de leur existence. Suivant le principe de raison, les savants découvrent des phénoménologies ; le philosophe tente d'inventer une sorte de phénoménogonie. Voilà pourquoi il plonge dans le Grand Récit, l'évolution vivante, le chaos humain et le destin des individus, où la contingence fluctuante perce des lacunes d'aléas dans le principe de raison, au moins de la raison exclusive, pleine et entière.

Dessiné à partir des quatre sommets où se tiennent possible, impossible, nécessaire et contingent, le carré des modalités donne à lire aisément cette distinction : les sciences y occupent l'aire du nécessaire et de l'impossible falsificateur, alors que la philosophie hante celle du contingent. Toutes deux ont donc en commun le possible : la puissance, le potentiel, le virtuel, oui, le doux. Ce qui ouvre à l'invention. Ce qui permet de penser.

Comparable à la pointe haute d'une corne d'abondance, le sommet du possible engendre les trois autres sommets, puisque l'impossible se définit comme ce qui n'est pas possible ou ne peut pas être, le nécessaire comme ce qui ne peut pas ne pas être et le dernier, contingent, comme ce qui peut ne pas être. Toutes ces définitions ont en commun la possibilité.

À entrer dans le virtuel, le potentiel, oui, dans le doux, parvenons-nous, maintenant et ici même, à une source de la pensée ? Au fond ou au sommet de ce cône ou éventail d'où coulent, éblouissantes, les nouveautés ?

Qu'est-ce donc que ce potentiel, virtuel, qu'est-ce que le doux ? Encore en puissance et non déjà en acte, il trône, en effet, à la pointe de la corne d'abondance d'où ruisselle le réel que nous habitons, dont nous jouissons, dont la contingence conditionne la pensée. Il a donc la même puissance que l'abstrait, le même pouvoir d'économie de pensée que l'idée de cercle, dont je disais qu'elle dit d'un mot une infinité de ronds. Mais, de plus, retenant et annonçant le passage à l'acte, il prévoit mille procédés pratiques de fabrication. Du coup, il ouvre un avenir, parfois prometteur. En somme, il secrète aussi de la contingence. Si penser veut dire inventer, je ne dois jamais cesser de guetter le possible, ce trésor infini, concret, processuel, ce capital, cette banque inépuisable.

Libéré du concept, de l'abstrait fixe et formaté, je vis donc un espoir fou : si nous entrions dans l'âge du virtuel ou du doux, nous habiterions désormais le possible et, en travaillant sur lui, pourrions librement inventer l'avenir. Ce temps utopique, puis-je vraiment l'appeler l'âge de la pensée ?

La vertu du virtuel

Au travail ! À ce mot virtuel, potentiel ou possible, les langues latines associent la cause ou la qualité, les principes en vertu desquels, en effet, certains effets se produisent. Le virtuel exprimerait-il la vertu même des hommes et des choses, je veux dire leur essence, leur principe, leur puissance ? Serions-nous donc des animaux virtuels ?

Il semble. Fixé à son environnement, l'automate génétique vit selon la séquence linéaire d'un instinct toujours en acte, comme une suite prévisible de formats stables. Ainsi répète-t-il excellemment les gestes requis par ses gènes et sa niche. À mesure que s'ouvre le schéma évolutif, ces lignes raidies s'assouplissent et se multiplient en l'éventail, plus ou moins feuillu, d'une adaptabilité qui suppose abondance de vertus en puissance. L'évolution fait avancer le possible qui fait avancer l'évolution. Tel insecte de telle espèce envahit, par exemple, des zones larges où les conditions de vie diverses imposent à son organisme d'y répondre avec souplesse. Ainsi *Homo sapiens* peut-il survivre, en compagnie de faunes variables, dans les déserts tropicaux, la toundra polaire, la forêt pluviale, les latitudes tempérées. Capable d'un large éventail de métamorphoses, d'inventions, de nouveautés. Nous y sommes : il peut. Il survit et pense parce qu'il peut.

Pouvoir : tout est dit par ce mot d'où dérive potentiel, pas toujours en acte, en puissance souvent et ainsi en attente de tout changement, de toute métamorphose, d'invention. L'humain n'est pas, il peut. Oubliez le verbe être, auxiliaire vague et nul. Au sens littéral, le virtuel exprime la vertu, le principe, l'essence de l'homme. Si, selon son avancée évolutive, tel animal remplit quasi ontologiquement sa niche, l'humain se moque de cette poche molle. Non, l'être ne le concerne.

Petit récit de la main : comment le doux lui vint

Voici des millions d'années, nous progressions à quatre pattes. Ongles ou sabots, les deux membres antérieurs assuraient alors seulement deux fonctions, mouvement et portage. Peu à peu et fort anciennement, nous nous relevâmes, laissant ces deux travaux, statique et cinématique, aux deux membres inférieurs. Que faire de ceux qui devinrent alors supérieurs ? Libres, inutiles, peut-être même encombrants ! J'invente, j'imagine, je brode, nous ne savons pas. Toujours est-il que la main apparut là. Nous connaissons le résultat temporairement final de cette évolution. Libérées de cette écrasante et nécessaire obligation mécanique de support et de locomotion, les deux extrémités manuelles entrèrent alors dans une ère nouvelle. Inventèrent-elles un autre monde ?

Oui. La main se mit à prendre et à entreprendre, je veux dire à tenir, saisir, frapper, que sais-je ?, à entrer donc dans des pratiques justement dites manuelles, certes, et dures de surcroît, mais aussi bien à caresser, acte déjà plus léger, puis à faire signe, à écrire, à parler aux sourds-muets, à compter sur les doigts des nombres – on dit bien digital, pour les comptes et les codes –, bref, elle quitta le règne du concret pour se glisser dans une sorte d'abstraction. Propre au dur, elle inventa le doux. Travailler manuellement ne signifie pas toujours, en effet, agir sur ou dans le dur.

Mieux encore, du doigt, la main peut ordonner, commander, manigancer, quitter donc le règne de l'intelligence auquel, toute seule, elle sut accéder, pour entrer dans celui de la volonté, organisatrice, politique, seigneuriale ; elle peut aussi menacer. On dit manipuler non seulement pour les manips de labo mais aussi pour les astuces des stratégies sociales et les mensonges des complots. La main réelle devient alors un organe du monde virtuel, celui qui concerne les signes, les chiffres, intentions et décisions. Douce et dure, toute main est double, comme tout vivant. Ainsi le doux vint-il à la main, ainsi la main vint-elle au doux.

Elle peut. Car je ne sais pas, je ne peux pas deviner ce que demain, ce que même maintenant la main, réelle ou virtuelle, inventera. Petite Poucette le sait mieux que moi. Non seulement ses doigts chevauchent le dur et le doux, l'abstraction et le concret, mais elle sait passer de l'actuel au potentiel. Avant l'écriture, qui pouvait augurer que la main deviendrait celle du scribe ; avant le piano, le violon, la conduite automobile ou celle des avions, qui eût pu prévoir comment elle volerait sur des touches, pincerait des cordes, tournerait un volant, appuierait sur un manche ? Pouvons-nous prédire ce qu'elle entreprendra, ce qu'elle inventera aux lustres, aux siècles prochains ? N'importe quoi, en vérité.

Elle peut prendre et entreprendre, certes, mais elle peut aussi apprendre et comprendre, elle peut innover, elle peut inventer – pense-t-elle ?… la main peut tout court. Elle peut bien des choses dont l'esprit s'étonne. Organe possible, la main tient – main tenant même ! – du potentiel. Elle n'est pas, elle peut. Elle peut tant de choses que l'esprit semble descendre sur elle. Si le blanc est bien la somme de toutes les couleurs possibles, elle est un organe blanc.

Un organe souche ?

Comment le doux vient à la bouche et au corps

Comme la bouche. Qui, elle aussi, réelle, attrape, mord, attaque même, mange, durement, mâchoires et dents, puis goûte, baise et lèche, plus gentiment, mais qui, soudain, chante, parle, et alors fort doucement. Et qui, imprévisiblement, peut dire dix langues, mille sens, cent folies et abstractions, autant de décisions souveraines, d'actions, d'injures haineuses ou de déclarations d'amour. Dure et douce, comme la main, certes, aussi potentielle qu'elle. Qu'inventera le langage demain ou quelle langue inventera-t-elle ? Bouche blanche comme la main et, comme elle, bouche souche.

Organes vivants, bouche et main entretiennent, parce que, justement, elles sont vivantes, des relations avec le réel aussi bien qu'avec le virtuel, et, peu à peu, plus et mieux avec celui-ci qu'avec le premier. Et cela devient vite vrai pour le corps global de *Sapiens*, puissant de squelette et de musculature, gracile et mobile de conduite, mais si imbibé de langue et de culture que, tout entier, il laisse éclater sa beauté, ses intentions, sa joie, ses passions, sa connaissance, ses projets, ses réalisations, ou l'aura de son charisme ou l'effondrement de sa décrépitude. Notre corps marche, court, travaille, gesticule, danse, fait signe, invente, entreprend et comprend... Il peut, voilà tout. Il peut bien des choses dont l'esprit s'étonne.

Ne pas définir la vie

Et la vie peut, elle aussi. Beaucoup, avec raison, trouvent impossible de la définir. Et, certes, elle n'est pas ; nul jamais ne put tracer quelque frontière qui l'entourât. Car, dès son émergence, elle explosa en millions d'espèces moléculaires, monocellulaires, pluricellulaires, variant autant de fois sur son code élémentaire, source non exclusive de son jaillissement ; elle continue sans arrêt à le faire. De même, d'un alphabet, d'une numération ou d'une gamme coulent indéfiniment des milliards de pages, de musiques et de comptes, plus autant de promesses ouvertes. Ainsi réalisée en figures contingentes innombrables, cèdre, tigre ou Joconde jolie, la vie va chercher fortune dans le monde à partir de son code et des mille éventails de l'épigenèse. Elle ne cesse d'inventer à partir de ce possible ou d'avorter dans des conditions impossibles. Soumis aux lois de la physique, l'inerte, contingent, existe en nécessité ; possible, la vie se métamorphose et se déguise en mille formes contingentes, possibles ou réalisées, plus autant de promesses ouvertes. D'abord duplicante et dupliquée, prédatrice ou parasite par après, la vie vit de la vie, feedback ou *causa sui*.

Nous vivons, donc nous pouvons, premier éventail. Second éventail serti sur le premier : nous vivons, nous pouvons, donc nous pensons…, souples, mobiles, libres dans le volume volubile du virtuel, possibles possiblement.

Des personnages possibles

Voici notre nom : Horla. Ainsi saturé de potentiel, *Homo viator* rêve d'embarquements pour Cythère, ment aux évidences, fait le fou, projette des utopies, mille pensées, mille inventions virtuelles. Hors d'elle, Madame Bovary fit l'amour plus souvent au virtuel qu'en réalité, comme vous et moi et tout le monde. Don Quichotte prend les moulins à vent pour adversaires et intervient, épée au poing, sur une scène, entre cour et jardin. Tous deux ivres de livres et soûls de romans, ces antiques techniques de la virtualité, voilà les père et mère de Petite Poucette, l'actuelle virtuelle ; de ces ancêtres, vous en trouverez autant que vous voudrez.

Le virtuel est notre vertu. En disant deux fois le même mot, en consacrant cette tautologie, les langues latines disent vrai. Comment, sans lui, sans elle, évoluerions-nous, comment changerions-nous, comment inventerions-nous, comment penserions-nous ? Le virtuel ouvre à toutes métamorphoses, donc aux nouveautés de la pensée. Celle-ci peut. Elle peut beaucoup de choses dont nous ne cessons de nous étonner.

Aux côtés de Rossinante et de son cuirassé de carton-pâte, toujours en écart à l'équilibre sur son haridelle maigre, trottine de conserve Sancho Pança : voilà le peuple sage, bien carré sur son âne, index de réalité, un peu Grand-Papa Ronchon, les quatre pieds sur terre, ventre rond plein d'être. En perquisition chez Dulcinée, princesse virtuelle de rêve, l'ânier, déçu, la voit bergère et, *immanior ipsa*, malpropre plus encore que son propre troupeau. Lorsqu'il rend compte à son maître de la saleté de Dulcinée, l'autre hausse les épaules et lève les yeux aux cieux.

«Savez-vous aimer ? aurait-il pu et dû répondre, outragé. Si oui, vous eussiez découvert en cette gardienne moutonnière une âme si grande qu'elle aurait été capable de sauver la France et en une autre, aussi paysanne, un cœur si pur que la Vierge elle-même l'eût choisie pour apparaître et lui confier sa Conception Immaculée.» C'est cette bergère potentielle qu'aiment les amoureux vrais, cette gardienne qui, au pied levé, remplace, ici, le berger de tantôt, presque noyé parmi son nombreux troupeau. Je n'ai jamais cessé d'aimer Dulcinée.

Revanche du virtuel

Prosaïque retour à dos d'âne. Voici qu'un hasard bien arrangé bombarde Sancho au haut de pouvoirs royaux. Il lui arrive, là, une aventure inverse quoique parallèle à celle de son maître : il a faim mais, tant l'obligent des réunions interminables dues à son rang, il ne peut manger. Qui ou quoi le piège ? Le pouvoir en ce qu'il a de virtuel, oui, la puissance elle-même, si potentielle que la durée de son spectacle envahissant empêche ce roi de romance de remplir son ventre. Ne dites plus : réunions de travail, dites plutôt : réunions de pouvoir.

Incontestable gardien, oui, berger de l'être, conservateur de l'ânerie réelle ou du réel asinien, voilà Sancho Ronchon coincé dans la virtualité de la comédie politique, colloques et parlottes – combien de moulins à vent vains le pouvoir fait-il tourner ? –, tout autant que Quichotte dans son ivresse livresque et, plus tard, Petite Poucette dans sa soûlerie numérique.

La morale de l'histoire

Nouvelle dérive, par l'éthique cette fois. Oui, les vertueux, nous devrions les nommer virtuels. Car si la vertu affirme, comme s'en vante sa racine, la force virile, sa mise à feu n'a pas lieu tout le temps, ni partout, ni en toutes circonstances. Qui la pratiquerait ainsi, sans trêve ni repos, indisposerait l'entourage dont les voix crieraient vite à l'exhibitionnisme tartuffe. Si vertu vaut force, alors, secrètes, réservées, non toujours en étalage ni continûment manifestées, toutes deux se suspendent, comme en puissance, sans passer sans cesse à l'acte.

Ainsi bien nommée, la vertu reste-t-elle souvent virtuelle. Modeste, elle se retient ; présente, se tapit ; dormante, se cache. Absent du Panthéon, le héros vrai ne se voit pas. Nul ne se trompe sur qui pratique cette modestie, sauf quelques naïfs devant l'hypocrisie qui s'affiche. Douce et vraie, la vertu, de retenue, sommeille, réside, tranquille, et se révèle, discrète, dans les actes réels. Voilà notre potentiel, autrement décliné, voilà notre vraie puissance.

De même, comme un code doux, la loi de Newton gît virtuellement dans les pommes qui tombent, et c'est en vertu de la loi de Newton que les pommes tombent.

L'impuissant

Inversons maintenant la question. Que dire d'un impuissant ? Qu'il ne peut bander, faire l'amour ni se reproduire : Microsoft ou minimou. Puissant, au contraire, celui qui peut entrer en érection. Non que ce dernier se trouve sans cesse en cet état, mais il est capable de ces performances. Toujours en érection, il serait affligé de priapisme, maladie gênante et douloureuse, parallèle masculin à la nymphomanie. Un homme de pouvoir ou de finance qui passerait sans cesse à l'acte serait un priapique de la banque ou de la politique. Nous en connaissons, hélas, de fort durs, et, esclaves doux, nous leur obéissons. Car les conditions requises pour conquérir quelque pouvoir supposent souvent des traits communs aux maladies mentales.

Capable : voilà le mot. La capacité peut faire ; cela ne prétend pas qu'elle fait. L'impotent ne bouge ni n'agit ; encore moins invente-t-il. Mains libres, au contraire, coudées franches, accédant au mouvement par tous degrés de liberté, ouvert à tous actes, le puissant peut, absolument parlant. Le Tout-Puissant fit pour moi de grandes choses : « *Fecit mihi magna qui potens est.* » Cela ne veut pas dire qu'Il les fait toujours. Mieux encore : plus Il a de la puissance, moins Il se, moins Il la manifeste; à la limite, Il se cache – *Deus absconditus*. Modèle infini de modestie. En cet amont vertigineux de haute retenue habite la sainteté, mère secrète de la pensée.

Puissance n'est pas acte, mais possibilité. Capacité de faire, d'être et devenir. De même, faculté désigne la puissance de faire. On disait jadis faculté, pour l'imagination. La voici.

Qu'est-ce que la littérature?

Théâtre ou roman, poésie ou récit, la littérature déploie l'ensemble des œuvres d'imagination, oui, de l'imagination, cette maîtresse de connaissances et de vérités humaines, d'autant plus réelle qu'elle est virtuelle. Oui, le virtuel est tellement l'essence ou la vertu des humains, dans leur existence singulière et collective, que pour connaître les personnes dans leur vérité, il faut s'instruire d'œuvres hautement imaginaires, comme celles de la littérature, plus profondes, en effet, que les philosophies et les sciences humaines, réelles, trop réelles quant à elles. Orale, écrite, imprimée, numérique, qu'importe, l'essentiel reste que cette littérature suive assez le virtuel pour atteindre la vertu essentielle de l'humain.

Qu'est-ce que la littérature? À cette question, quelques-uns proposèrent naguère des réponses si formatées par la réalité sociale et l'engagement politique qu'elles produisirent des œuvres médiocres, si noyées dans le temps de l'histoire qu'elles sombrèrent dans l'oubli aussi vite que lui. À l'opposite, mensonges échevelés, mythes criminels, adultères fous, gasconnades improbables, inventions saugrenues, ignobles assassinats, personnages bariolés..., tout le possible en auréole alentour d'un réel contingent, bref, l'invraisemblable probablement vrai en dit plus et mieux sur la vertu, sur les possibilités humaines, que mille calculs portant sur des actes, des opérateurs raidis, des passionnés raisonnables, des consommateurs rationnels, statistiquement probables mais inexistants, plus imprévisibles que les folies de tantôt. Moquez-vous de cette base virtuelle, de cette capacité imaginaire, critiquez-la, jetez-la par la porte, elle sonnera toujours à vos oreilles, vous n'y couperez jamais. Qu'est-ce que la littérature? Le récit indéfini des possibles humains. Mieux – et quel retournement! –, l'épistémologie souple des sciences humaines molles.

Un ouvrage singulier tenta naguère de montrer que les œuvres de génie, pas seulement littéraires, mais aussi de sciences ou de philosophie, témoignent souvent d'une vision du monde décalée par rapport à la culture usuelle et l'environnement de leur auteur, inconscient parfois de cet écart original. Pourtant proprement occidentales, certaines sacrifient à l'animisme, d'autres au totémisme ou au fétichisme, comme si La Fontaine, Flaubert ou Proust, voyageant autour du monde, avaient décidé de hanter quelque tribu inuit ou amazonienne et de s'instruire auprès d'elle. Ainsi, l'histoire littéraire telle que nos universités l'enseignent depuis la fin du XIXe siècle ne sert qu'à éclairer quelques travaux dont la médiocrité répète, mimétiquement, l'air du temps, alors qu'au contraire l'ethnologie, l'anthropologie... peuvent fournir des opérateurs de critique littéraire autrement plus vigoureux, plus éclairants, plus rigoureux que ceux qu'elle tire de l'histoire courante. Car nous portons en nous, virtuellement, ces ontologies décalées, ces visions du monde obliques, recouvertes, aveuglées par nos formats usuels. Qui se détache de ces derniers retrouve en lui et autour de lui ces étrangetés intimes ; qui les actualise étonne ; qui les réalise construit du nouveau ; qui les mobilise puissamment peut accéder au génie. Nous portons en nous la possibilité de cet écart à l'équilibre, de cette extériorité, de cette bifurcation inventive par rapport à l'air ambiant, de cette gaucherie, de cette boiterie. Comment, pour inventer, pourrions-nous ne pas être persans ?

Ce potentiel gît en nous et prépare aux métamorphoses, c'est-à-dire à la production, matrice de l'invention. Voilà découvert le fond, possible, fertile et blanc, de la corne d'abondance d'où sortirent, tout à l'heure, dans ce livre, poussés en avant, tant de personnages et, dans le monde, en amont, tant de choses et de vivants.

Le retour du Tiers-Instruit

Les sciences confirment un tel diagnostic. Pendant que les humains vivent les utopies du possible et que la littérature la plus folle et la mieux décalée, j'allais dire exotique, devient une excellente voie pour les comprendre, les savants découvrent, comme les romanciers pour les hommes, les possibles et le virtuel, mais dans les formes, les choses et le monde. *Da capo* : ces pages reviennent à leur début, encore.

Les explosions issues de l'algèbre combinatoire, l'éventail nombreux des probabilités, la prolifération des géomé-tries, les programmes et les algorithmes... – cela pour les mathématiciens – ; le Grand Récit de l'Univers que déploient les astrophysiciens à travers, parfois, la théorie du chaos ; le nombre indéfini des molécules possibles, à partir des associations d'atomes, élaborées, pensées, réalisées par les chimistes ; les imprévisibles nouveautés de l'épigenèse et du code génétique, sans cesse mutant, surgies devant les biologistes, plus les térabits d'information dans les banques de données, issues d'observations et d'expériences devenues souvent des scénarios... ont ébranlé à tout jamais l'assise asinienne d'un réel monovalent pour découvrir, comme firent et font les littératures, un kaléidoscope nué, tigré, chiné, un arc-en-ciel chromatique, dont la gloire auréole une réalité contingente, quantique, frangée, jaillissante d'aléas. Les sciences rigoureuses ou exactes, dites *dures*, vivent donc dans un monde aussi contingent que les autres et s'adonnent à un métier modal semblable à celui, doux, des romanciers. Oui, Dieu joue aux dés.

Savants et/ou littéraires : fraternels dans le virtuel et la pensée qui en jaillit, ainsi ces Tiers-Instruits jumeaux hantent-ils tous deux le pré carré des modes : inondés sous la pluie infinie jaillissant du possible, sous les virtuels qui peuvent être, ils ne cessent de trier l'impossible qui ne peut pas être, pour découvrir le nécessaire qui ne peut pas ne pas être, sans cesse émerveillés devant l'évidente présence de la réalité contingente, qui, elle, pourrait ne pas être.

Quelle que soit la valeur que nous nous accordions, nous ne sommes pas, une fois encore, si exceptionnels lorsque nous pensons. Le virtuel est la vertu essentielle des hommes comme celle des choses, comme celle de tous les vivants, leur potentiel commun, quoique sans doute en dégradé. Par le temps et dans l'espace, il ouvre un jeu, un écart qui permet de s'adapter, de se transformer, de changer le milieu, oui, d'inventer... Voilà donc la vertu des bergères tenant maintenant en main leur portable derrière le troupeau (co-)agité de leurs moutons, la vertu des chevaliers chevauchant les moulins ou les ordinateurs, dans la campagne de la Mancha ou le carré des modalités.

De cette virtualité, de cette douceur commune à nous autres, les hommes, aux vivants et aux choses, la pensée découle, plongée dans le monde des modes. Elle correspond à la vertu, sainte entre toutes, de modestie.

CAPITAL

Les instruments de musique capitalisent des possibles

Piano, flûte ou grandes orgues, un instrument de musique se présente comme une table où se déploie une suite élémentaire de touches ou de clés, de sorte qu'en jouer, ou plutôt y composer, tire d'elle comme d'une source mille et une mélodies – sonates, opéras, psaumes ou fanfares, imprévisibles, inattendus. Au repos, avant ou après toute exécution, cette table, cette banque cache en silence l'ensemble immense de ces possibles musicaux, comme une boîte qui serrerait en elle, muette, des millions de capacités. En cela, elle ressemble à la vieille *tabula rasa*, tablette de cire lisse sur laquelle le scribe pouvait écrire tout ce qu'il voulait. Cette table pouvait, absolument parlant. Ainsi la blancheur comprend, possiblement, toutes les couleurs. Un instrument de musique peut.

Boîtes ou tables, banques aussi bien, ces répertoires de possibles harmoniques, sont faits, certes, de cordes, leviers, tubes ou soupapes... en cuivre, bois, ivoire ou nerfs, mais les ordonnent selon des suites, des séries dont les éléments permettent d'émettre des sons. Comme la *tabula rasa*, faite à la fois de cire et de signes, cette banque-instrument de musique, cet objet technique, ce capital de possibles..., se compose de matériaux durs et de signaux doux. Actuel, certes, mais virtuel en ce déploiement.

Table double de possibles musicaux.

Qu'est-ce qu'un artefact?

Comme une flûte ou un piano, tout objet technique, de la pierre taillée jusqu'à la fusée spatiale, se compose de matériaux durs – pierre, acier ou silicium – et de formes telles qu'elles imposent un code, au moins un mode d'emploi, un ensemble de règles pour les fabriquer ou s'en servir. Les quatre causes d'Aristote – matérielle, formelle, efficiente, finale – le décrivent mieux que je ne saurais le faire. Matière et forme, tout artefact, efficace et utile à tel ou tel projet, est donc dur et doux.

Tout aussi muet qu'un piano sans pianiste ni compositeur, un marteau posé là, passif, ne sert à rien, pour le moment, mais se tient à disposition pour, éventuellement, frapper, marquer, enfoncer un clou, mater un pieu, blesser, tuer... La liste serait longue des finalités possibles de cet instrument. Il peut. Voici donc, à nouveau, un capital de possibles. Vraie d'un treuil, d'une poulie, d'un levier, bref, de toute machine simple, comme du marteau, cette possibilité s'étend à toutes les machines; le moteur peut servir à toutes sortes de travaux et de transports, l'automobile et le bateau à autant de voyages. La machine peut. Elle a ceci en commun avec le corps, d'où elle appareilla, que le corps peut, d'abord.

Progrès : d'une finalité restreinte à des finalités généralisées

En puissance, une possibilité propose un ou des chemins vers l'acte. Ce chemin traverse la finalité, elle-même rarement univoque. Ce couteau peut couper, sans pouvoir scier ni visser ; encore ne peut-il que tailler dans du fromage, du pain, du bois à la rigueur, il ne saurait entamer la roche ni l'acier. Disons sa finalité restreinte. La finalité d'un piano se limite donc à des possibles musicaux, et encore à des musiques différentes de celles d'un basson ou d'un tambourin.

J'ai chanté tantôt le passage évolutif de la pince du crabe ou du tentacule de la pieuvre à la main humaine. La première et le second se caractérisent par une finalité fort étroite ; l'éventail des possibilités offertes par la troisième s'ouvre à une généralité inconnue de ces prédécesseurs. De même pour les artefacts. Certains ont des finalités plus larges que d'autres.

Avatars des artefacts

L'histoire des techniques montre que telle d'entre elles réussit parfois dans un usage inattendu, imprévu des concepteurs. Conçu pour que les belles dames entendissent l'opéra chez elles, sans se déplacer vers une salle de spectacle, l'ancien téléphone ne demeura pas longtemps réservé à leurs salons. Sait-on qu'en Europe la bataille fit rage parmi les bourgeois, dont le machisme voulait interdire d'introduire cet appareil à la maison, au motif que leurs épouses pourraient appeler, de leur chambre et en secret, des amants ? Par bonheur pour elles, elles n'y manquèrent pas. L'usage choisit donc parmi des directions indiquées dans l'éventail de cette finalité que j'appelle restreinte mais qui, souvent, comme ici, s'élargit presque infiniment.

Ces usages, économiques souvent, collectifs en tout cas, jouent de cet éventail, en croisent les directions, en découvrent d'autres, bref, travaillent au sein de la finalité. Ce travail fait évoluer l'artefact d'origine que, souvent, ces transformations rendent méconnaissable, jusqu'à le faire oublier. L'inventeur disparaît, chose assez usuelle, au profit des adaptateurs et autres constructeurs. D'où l'idée, propre à faire jouir les sciences humaines, que les artefacts se réduisent à des produits de société. Le portable, en effet, sort des mains d'industriels et d'usagers, en des formes et fonctions sans beaucoup de rapports avec le cornet acoustique. L'usage y dépasse, en effet, largement la conception.

Ouverture des finalités

L'histoire des techniques note, de plus, quelque progression vers un éventail de plus en plus large de possibles. Les machines simples aident tout travail de force – portage, support, traction, forage ou labour – puisque le travail se définit comme une force multipliée par un déplacement. Dès que l'on change d'unité mécanique et que l'on remonte de la force à l'énergie, de la statique et de la cinématique vers la dynamique et la thermodynamique, on accède, en amont du travail entendu de cette manière, à beaucoup d'autres possibilités : transports, éclairage, chauffage, armes de destruction massive…, issus de l'exploitation des capitaux énergétiques. Au lieu, par exemple, de tuer un prochain à la main, on peut liquider à grande distance de grandes populations ou, par drone, un individu désigné. De la force à l'énergie, l'éventail des possibles s'élargit. Un moteur a plus de capacités qu'un treuil et un ordinateur qu'un livre ou un téléphone : le passage de l'énergie à l'information élargira, plus tard, l'éventail autrement.

Cette montée vers le possible, de finalités restreintes à d'autres, plus générales, ainsi que l'élargissement progressif des finalités en un éventail de plus en plus ouvert permettent de comparer, encore un coup, l'histoire des techniques et l'évolution du vivant. Je viens de donner l'exemple de la main, à la conquête, comme nos fabrications, du possible maximal, dans l'oubli de la pince ou de la patte. Capitaux de possibles, les objets techniques appareillés du corps remontent, parfois, vers leur origine vitale, ne quittant jamais ainsi certain parallélisme avec l'évolution.

Résumé en trois états

L'histoire des techniques se développe en trois temps. Des premiers outils, pierres taillées ou polies, jusqu'à Bélidor, l'ingénieur de L'Architecture hydraulique (1750), elle se réfère pendant des milliers d'années à la mécanique, au moins en principe : statique, cinématique, dynamique, y compris, d'Archimède à d'Alembert, celle des fluides. Par toitures, portages, transports, tractions humaines et animales, forages, labours, mines, canaux et barrages, le monde que cette période met en place, on a pu, avec raison, le dire froid. Certes, les humains faisaient depuis longtemps du feu, celui-ci servant à écarter les bêtes dangereuses, au chauffage, à l'éclairage, à la cuisson, mais aux forgerons aussi. La transition avec le stade suivant, celui, justement, du feu et de la thermodynamique, Carnot l'assume en définissant deux sources, comme s'il s'agissait d'un flux en chute. Voici le nouveau monde brûlant : moteurs, énergie, pétrole, électricité, nucléaire, en somme la révolution industrielle – deux siècles de règne à peine. La seconde transition vers notre âge doux, Léon Brillouin l'assume en définissant l'information comme inverse de l'entropie, cette dernière issue, justement, de la thermodynamique. Trois ères en somme : mécanique, machines simples ; chaleur, moteurs ; âge doux, le nôtre, celui de l'information.

Ces trois âges correspondent à trois fonctions du corps : l'ère mécanique à l'anatomie du squelette, des muscles et des articulations, ces machines simples qui conditionnent le port, la marche, la course, l'effort ; l'ère thermodynamique à la physiologie des échanges, internes et externes qui, chez les homéothermes ou les poïkilothermes, permettent respiration et digestion, l'ensemble des circulations ; quant à l'âge doux, il répond au système nerveux, cerveau et neurones qui stockent et lancent réflexes, signaux, langage, cognition...

La première ère, science ou fonction, évoque, en amont, la force ; la deuxième, l'énergie ; en troisième lieu, l'information. Dès qu'il la découvrit, Leibniz jugea la force métaphysique ; la deuxième donna lieu à des discussions philosophiques analogues. Pourquoi ? Parce que ces deux entités d'amont ne se manifestent pas directement, mais par l'intermédiaire de phénomènes expérimentables comme l'équilibre, le mouvement ou telles transformations. Dans les deux cas, il s'agit donc de puissances, au sens plein du terme, lesdits phénomènes les mettant en acte. Nous découvrons aujourd'hui que l'information peut être considérée, de la même manière, comme une puissance, comme un trésor, comme une possibilité. Les finalités naissent de ces trois boîtes, de ces trois trésors.

Le possible comme capital

J'ai prononcé tantôt le mot capital. Puis-je penser le possible comme une carrière, une mine exploitables, comme un stock dormant à ouvrir, une table d'harmonie? Nous puisions jadis, et nous continuons à le faire, dans toutes sortes de forces froides, humaines, animales, mécaniques; nous exploitâmes ensuite toutes sortes d'énergies, fossiles ou renouvelables. Car les capitaux de la révolution industrielle ne dormaient pas seulement dans des banques, en sommes d'or, d'argent ou de papier-monnaie, mais aussi et surtout dans les poches de pétrole, les mines de charbon ou les carrières d'uranium, au total dans le Soleil.

En quels capitaux puiserons-nous? Le code génétique, voilà une mine de possibles. Ainsi les cellules souches; ainsi nos alphabets, solfèges, médiathèques; ainsi, surtout, nos banques saturées de données... Le capital remonte, ainsi, de la force et de l'énergie vers l'information, et, en particulier, d'un cas singulier du possible, l'argent, considéré comme équivalent général, ainsi défini aux siècles derniers, vers toute donnée chiffrable. Sur un chèque en circulation, par exemple, l'ensemble des données concernant le payeur, le receveur, la banque, ce pourquoi a lieu le paiement... prend souvent plus de valeur pour beaucoup que la somme elle-même. L'âge doux se caractérise donc aussi par la découverte d'un capital, non point si nouveau, bien sûr, puisque, déjà, nous savions construire des bibliothèques et lire des livres, d'un capital, dis-je, de virtualités, de signes, de données, dont nous reconnaissons désormais l'importance décisive et le dynamisme.

Résumé: depuis que, pour les corps du monde, Mendeleïev égrena son tableau périodique d'éléments; depuis que, pour les vivants, universellement, les biochimistes dictent le code génétique; depuis que les informaticiens parlent bits, pixels et numération binaire, nous redevînmes peu à peu pythagoriciens : pour eux tout était nombre ; pour nous, tout est code. Alphabet, *alpha*, *bêta* ; éléments, *l*, *m*, *n* ; solfège, *sol*, *fa*... L'explosion combinatoire à partir de ces codes ouvre une profusion énorme de possibles. Voilà notre capital, virtuel, certes, mais producteur de réel, de figures, d'inventions. Nous avons mis la main sur l'instrument de musique universel. La pensée compose !

Jadis et naguère, nous pensions nos ressources pleines de possibles ; nous pensons désormais les possibles remplis de ressources. Avoir les pieds sur terre, désormais, n'équivaut plus à se courber sur un réel étroit, fini, univalent, que nous destinions, de plus, à la destruction, mais à lever la tête vers les nuages des possibles. Je remets la philosophie et le sens de l'histoire à l'endroit : droits, levés vers le virtuel.

Deux exemples. Un débat majeur porte, aujourd'hui, sur la propriété des données dont je parlais plus haut, de ce nouveau, quoique ancien, capital élémentaire. Qui le détiendra ? Pour éviter le règne de Big Brothers, compagnies privés ou États, j'ai proposé ailleurs de promouvoir des *dataires*, des notaires de data. En théorie classique de la connaissance, d'autre part, le sensualisme des Lumières considérait l'observation, alors aussi précieuse que distincte et rare, comme la condition primordiale du savoir et de la science : rien ne parvient à l'intellect, disait-il, qui ne soit d'abord passé par les sens. Inversement, croît jusqu'au colossal le nombre immense des observations relevées aujourd'hui par pléthore d'appareils. Souvent difficile et sophistiqué, le traitement de ces données importe donc plus que le fait même, que l'exercice d'observer. Tempéré de probabilités, un certain pythagorisme remplace, de nouveau, le sensualisme d'antan.

Et voici le capital

Da capo : l'information circule à travers le monde inerte, vivant et humain, où toutes choses et tous l'émettent, la reçoivent, l'échangent, la conservent et la traitent. Les interactions ne sont donc pas seulement matérielles, dures, elles sont aussi informationnelles, douces – interactions, certes, de causes, de forces, d'énergies, mais aussi interférences, interprétations, entrecroisements, interpénétrations de signes, de codes et d'images.

Nouvelle vision du monde : l'Univers se compose de matière et d'information en couple sans doute inséparable. Cela signifie que toutes choses expriment, en quelque façon, les autres et le monde ; que toutes choses conspirent et consentent ; qu'elles perçoivent, en quelque manière ; qu'elles se conduisent, si j'ose dire, comme des tables rases. Comme nous.

Non, nous ne sommes pas si exceptionnels ; nous ne sommes pas les seuls à savoir voir, lire ou écrire : le vent trace sa partition musicale sur les lames de la mer et les dunes du désert ; l'eau courante tisse les branchages riches des arborescences fluviatiles ; les poussières gravent les falaises déjà sculptées ou dessinées par l'érosion ; par le style des séismes, les plaques tectoniques marquent le relief ; le magnétisme se marque et reste gravé sur les roches molles en voie de cristallisation, pour indiquer le temps de leur durcissement ; le climat laisse des traces dans des poussières enfouies dans la glace ; l'évolution se lit sur les organismes, plus disparates que systémiques ; les vivants laissent des restes, ne serait-ce que des os... Nous ne sommes pas les seuls à savoir compter ou mémoriser – les arbres calculent leurs années en leur bois auréolé... – ni les seuls à pouvoir coder : tout se trouve écrit en langue mathématique. J'ai déjà dit que nous pensions comme le monde ; je dis maintenant que le monde pense comme nous.

Le capital, c'est-à-dire le monde, le voici donc.

La caverne ruisselante de lumière

La scène se passe en Afrique du Sud, paradis adamantin. Persuadés que les mines de pierres précieuses se formèrent de dépôts laissés çà et là par le courant des rivières, deux voyageurs d'un récit parfaitement imaginaire courent en amont vers leur source commune, vers le capital.

Ils viennent de le découvrir à l'intérieur d'une caverne : matière et lumière, valeur dure et valeur douce.

« Sous le coup de cet éblouissement qui résulte d'un retour subit à la lumière [les deux héros] se crurent tout d'abord en proie à une sorte d'hallucination extatique, tant le spectacle qui s'offrit à leurs yeux était à la fois splendide et inattendu. Tous deux se trouvaient au centre d'une grotte immense. Le sol en était couvert d'un sable fin tout pailleté d'or. Sa voûte, aussi haute que celle d'une cathédrale gothique, se perdait dans des profondeurs insondables au regard. Les parois de cette substruction naturelle étaient tapissées de stalactites, d'une variété de tons et d'une richesse inouïes, sur lesquelles le reflet des torches jetait des feux d'arc-en-ciel, mêlés à des

embrasements de fournaise, à des radiations d'aurores boréales
[...].

Rochers d'améthyste, murailles de sardoine, banquises
de rubis, aiguilles d'émeraude, colonnades de saphirs,
profondes et élancées comme des forêts de sapins, icebergs
d'aigues-marines, girandoles de turquoises, miroirs d'opales,
affleurements de gypse rose et de lapis-lazzuli aux veines d'or,
– tout ce que le règne cristallin peut offrir de plus précieux, de
plus rare, de plus limpide, de plus éblouissant avait servi de
matériaux à cette surprenante architecture [...]. Plus loin, un lac
artificiel, formé d'un diamant de vingt mètres de long, enchâssé
dans le sable, semblait une arène toute prête pour les ébats
des patineurs. Des palais aériens de calcédoine, des kiosques
et des clochetons de beryl et de topaze, s'entassaient d'étage
en étage jusqu'au point où l'œil, lassé de tant de splendeurs,
se refusait à les suivre. Enfin, la décomposition des rayons
lumineux à travers ces milliers de prismes, les feux d'artifices
d'étincelles qui éclataient de toutes parts et retombaient en
gerbe, constituaient la plus étonnante symphonie de lumière
et de couleur dont le regard de l'homme pût être ébloui. »
Jules Verne, *L'Étoile du Sud*, ch. XIX, « La grotte merveilleuse »,
J. Hetzel et Cie, 1884, p. 267-269.

Cette caverne de Verne – cette banque de données ! – où
les gemmes attendent des flux pour se produire et s'écouler
à l'extérieur ressemble à l'entendement de Dieu tel que le
décrivit à l'aveugle, voici quatre siècles, Leibniz, et où gisent
les possibles en attente d'existence. Selon lui, la création
– l'invention, la nouveauté – combine ces éléments, trie les
incompossibles et les rejette, pour ne promouvoir, en fin de

compte, que le meilleur des mondes possibles. De même, avant ce schéma, le modèle atomique de Lucrèce mime la composition des termes à partir des lettres, en rejetant les insensés pour utiliser seulement les mots bien formés. De même, après lui, la sélection darwinienne rejette les vivants mal formés pour ne conserver que les plus aptes. Reste que l'ensemble primordial des possibles, tel que Leibniz le donne à Dieu, en remontant, avant même la Création, vers Son entendement, ressemble à ce que nous appelons désormais une mémoire ou une banque de données. À Dieu ne plaise qu'une firme ou qu'un État se prenne pour Dieu !

Leibniz anticipa donc notre capital de possibles. Partis de ses monades réelles, il crut accéder à leur banque dans l'entendement du Créateur. Les voici dans l'immanence.

La nuit des lumières et des multiplicités

Cette caverne de Verne inverse, d'autre part, la platonicienne, en ce que celle-ci chante la gloire d'un seul soleil, découvert, le jour, en sortant de l'ombre d'une grotte, alors que la première invite à pénétrer sous une voûte si profonde que le regard s'y perd comme sous celle du ciel étoilé ; ici, mille lueurs nocturnes éblouissent le penseur ; ici, les clignotants chaotiques et fluides des lueurs possibles ouvrent mille et une voies.

La philosophie aime la lumière et en fait le modèle excellent de la connaissance : en particulier l'éclat diurne du Soleil. Ruisselant de vérité, il chasserait les ténèbres de l'obscurantisme. Image absurde et contraire à l'expérience, car n'importe quelle chandelle, aussi faiblement qu'elle luise, fait reculer aussitôt l'ombre la plus épaisse, alors que nul n'a jamais vu ténèbres éteindre quelque lumière. Cette idéologie terrifie, car si l'on fait du jour le champion du savoir, il n'y a de vérité qu'unique et totalitaire, aussi dure et sans nuance que le Soleil à midi, étoile que l'astrophysique a fini par reléguer au rang mineur de naine jaune. Non à cette tyrannie, non aux nains jaunes !

Le jour fait croire à l'unicité du vrai. En réalité, la pensée ressemble infiniment moins à sa clarté qu'aux lumières de la nuit, où chaque étoile brille, monadique, comme un diamant, où chaque galaxie ruisselle comme une rivière de perles, où toute planète, comme un miroir, renvoie à sa façon les lueurs qu'elle reçoit. Ainsi le savoir authentique foisonne-t-il de résultats et d'intuitions par millions, ainsi installe-t-il de multiples repères groupés en constellations aux formes aussi disparates que celles des spécialités savantes, ainsi trouve-t-il des vérités temporaires dont le scintillement luxueusement coloré vacille et change avec la durée du Grand Récit. Les étoiles nouvelles mourront elles aussi, comme les démonstrations de tel ou tel génie. Les seules lumières qui ne tremblent pas émanent de planètes sans éclat original et qui, je l'ai dit, se conduisent comme des miroirs. Magnifiques, mais assez modestes pour se réduire au ponctuel, quoique ponctuées de supergéantes bleues, formidables de grandeur mais vacillantes de doute et de questionnements, ces étoiles-vérités se détachent sur le fond énorme et noir du non-savoir, vide sans limite ou galaxies encore inaccessibles, choses possibles à comprendre et à saisir encore. Nuit scintillante de constellations sur fond d'une énorme boîte noire.

L'idéologie cruelle et la pensée juste, évidente, multiple, évolutive, contrôlée, inventive, inattendue se distinguent comme le jour et la nuit. Chatoyante de milliards de soleils colorés, glorieux et timides, elle hante la caverne haute aux gemmes éclatantes et aux innombrables vérités possibles ; la pensée scintille, là, aussi doucement que le lait de ses perles. Plus belle, paisible, la nuit pense, alors que le jour, opiniâtre, prétend. Je pense, donc je hante la nuit noire ou la caverne de Verne.

De révolutions par rotations à un Univers en expansion

À l'idéologie platonicienne d'une vérité solaire unique, Emmanuel Kant ajouta une image d'un tel narcissisme qu'elle aurait dû inquiéter les sages. Sis en ces temps au centre du monde, le Soleil devint, chez lui, le sujet de la connaissance : le Moi-Soleil, pour tout dire. Tout nous pousse désormais à rire d'une paranoïa dont l'immodestie nous installa sur le trône d'un monarque. Non à ce nain qui se croit le tyran du savoir. Ce monde qui tourne sur soi, jadis révolutionnaire, nous semble aujourd'hui étroit. Car l'astrophysique nous introduisit à mille milliards de galaxies, étoiles géantes et naines de toutes teintes, trous noirs et autres singularités en foule, peuplant l'Univers de gemmes à la Verne. Parfois visibles la nuit. Pour reprendre Kant à mon compte, ces soleils connaissent. *Yeux* les vit. Regardent-ils de leurs yeux ?

Matière et miroirs

Cette caverne de Verne inverse encore la platonicienne en se faisant le modèle réduit du monde extérieur, composé, ici au moins, de cristaux matériels rares et durs – corindons ou béryls, miroirs éclatants –, d'embrasements étincelants, de feux d'artifice lumineux et colorés multipliant les reflets les uns des autres, émettant, recevant, échangeant des millions d'informations sur eux-mêmes. Ils voient et sont vus. Supports et messages, les diamants renvoient aux lapis-lazulis les éclats de la sardoine et les rubis reflètent les flamboiements des aigues-marines, pendant que les émeraudes se mirent en la glace large des topazes. Substances ou monades cristallines en conspiration entretiennent des millions d'échanges ou de combinaisons, autant de métamorphoses réciproques. Les gemmes s'informent les unes les autres, elles dialoguent en quelque sorte, comme les vivants et nous faisons.

Cette grotte montre donc la réalité du monde, composé fondamentalement de dur et de doux, de matière et de miroirs, de choses et de réflexions – comme nous et les vivants. Les éclats qui traversent l'espace et le constituent montrent, à leur tour, que les choses du monde ont leurs propres visions des choses du monde, comme chacun de nous. Elles sont vues, elles voient. Capable de les réfléchir, chaque objet peut devenir le sujet d'autres objets. La caverne de Verne montre même la vision que l'Univers a de soi-même. Entrés là, aussi précieux que ces pierres et que leurs reflets, les deux héros se métamorphosent en diamants. Découvrent-ils la pierre philosophale?

Ils découvrent au moins le fond de la corne d'abondance, riche et saturé de plénitude matérielle et logicielle, figurant à la fois le monde tel quel, la réserve de possibles, la banque universelle de données, le trésor virtuel de pensées, la splendeur joyeuse d'inventer. Je ne vois plus de différence entre le réel et la représentation, puisque celle-ci fait partie de celui-là. Comme les deux héros, comme chaque chose du monde, comme tous les vivants, je suis un diamant, en carbone dur et parfois pur, transparent ou granuleux, reflétant mille fois les mille et une teintes de l'arc-en-ciel, émanées des multiples choses du monde et des personnes et vivants de rencontre, en foule. Matière et miroir, support et message, blanc et jaillissant de chromatismes variables, éventail chamarré de mille reflets, je suis aussi une corne d'abondance : réel multiple en aval et possible limite en amont. Comme Arlequin et Pierrot, le bariolé multiple et le blanc lunaire, comme tout le monde.

La seconde bataille picrocholine qui oppose depuis des siècles et même de nos jours les matérialistes aux tenants de l'esprit fait rire et aurait fait sourire Lucrèce et Démocrite. En accord avec la caverne de Verne et avec la vision que le monde a de soi, ils affirmaient tous deux que les atomes de matière s'associent entre eux de la même manière que les lettres de l'alphabet forment des mots sensés ou d'absurdes assemblages qui se rejettent d'eux-mêmes. Autrement dit, les atomes codent. Éléments durs, ils se comportent aussi bien comme doux : s'informent mutuellement, s'élisent, se choisissent, se reflètent, se repoussent, comme les diamants de la grotte aux merveilles, comme font, par affinité, toutes les molécules, comme le codage du vivant, comme les espèces mal formées ou d'autres pleines d'espérance. Comme le nôtre, leur monde, conspirant, se tisse de codages disparates et composites et ainsi se compose et dispose.

Ils codent, nous codons ; ils comptent, nous comptons ; nous parlons, ils parlent. La science consiste alors à écouter puis à traduire, émergeant du bruit de fond du monde, les langues des choses. Elles parlent musique ou mathématique.

À supposer que la pensée trouve le meilleur que puisse produire notre entendement, elle accède à la mathématique.

Qu'elle cherche l'excellence de la langue, elle parle l'algèbre, les nombres, la topologie... Les mathématiques disent ce que disent l'Univers, infime ou grandiose, et le monde des choses, célèbrent le voisinage, l'affinité, la tangence, la congruence, les noces enfin du construit et du donné, de l'idéal et du réel, soit tant de bijections entre le monde et la pensée qu'on se prend à les identifier. Les mathématiques énoncent la parole du monde. Rien dans la pensée ne parvient plus exactement à cette somme. Que la philosophie oublie ou perde la mathématique – la musique aussi – et elle ne peut répondre à la question : qu'est-ce que la pensée ?

Entrer dans le monde, entrer en mathématique, entrer dans la pensée, découvrir, ébloui, la caverne aux étincelantes merveilles.

Éloge de l'actuel

Fin de la révolution industrielle

Voilà comment le monde exerce la pensée qui le submerge et le fait émerger, voilà comment la pensée m'inonde et me fait inventer, comment les choses changent, se transforment, évoluent, et comment vient l'invention.

J'en viens à ce qui se passe maintenant.

Fin des âges durs

Longtemps j'ai cassé des cailloux, mon premier métier, dur entre tous et vieux comme l'homme. Un jour, nous avons rangé les pelles et les pioches, nous avons vécu la fin de l'âge dur. Et l'âge doux commence avec la fin de la révolution industrielle, maintenant. Les techniques et les sciences qui avaient, voici deux siècles, rendu possible cette révolution n'avaient considéré les choses et le monde que du point de vue matériel, énergétique, entropique pour tout dire, c'est-à-dire dur. Dur comme de casser les cailloux, dur comme nos pères vivaient l'environnement, la nature, le travail de labour et l'austérité de l'existence. Ignorions-nous, oubliions-nous ce couplage avec le doux dont la physique, la chimie, la biologie et leurs applications confirment aujourd'hui l'intuition ? Nous ne travaillions donc que sur un demi-monde ; ainsi s'explique, pour partie, la prégnance du matérialisme pendant cette seconde antiquité ; peut-être aussi l'esclavage où nous tenions la passivité des choses et du monde.

Or, depuis plusieurs décennies déjà, lesdits cols blancs, compositeurs de doux, remplacèrent numériquement, sur le marché de l'emploi, les cols bleus, travailleurs de force dans le dur. Le charbon et l'acier disparurent çà et là et peu à peu des carreaux de mine et des convertisseurs ou, toujours présents, polluèrent l'atmosphère çà et là irrespirable et presque aussi mortelle que le tabac. Quand parurent les ordinateurs, survint le souci d'un monde enfin complété d'information, au même titre que nous autres. En relais, se lève aujourd'hui une nouvelle révolution technique et, peut-être aussi industrieuse, décrochée des sciences qui conditionnaient l'ancienne : physique, thermodynamique…, pour s'amarrer aux sciences de la vie et de la Terre, moins dures que les précédentes, et à celles de l'information, douces quant à elles. Nous retrouvons le monde tel quel, rééquilibré.

Vers la fin du XVIIIe siècle et dès le début du XIXe, de ce couplage entre les techniques et les sciences dites dures suivirent, certes, mille innovations. Ces progrès de tous ordres, dans le travail et sa peine, les transports et leur durée, l'habitat et le confort… provinrent, certes, de cette association, heureuse longtemps parce que motrice d'avancées, mais aujourd'hui désuète et devenue délétère pour les humains, où de richissimes rarissimes, aussi durs que leur vision du monde, étalent leur faste parmi une foule miséreuse après avoir dévasté la Terre. En raison de leurs spéculations sur les produits alimentaires, un enfant meurt de faim dans le monde toutes les minutes.

Peu à peu, nos techniques se découplent de cette ancienne attache, où régnait la séparation des sujets pensants et des objets passifs à exploiter, pour s'accoupler, je le répète, aux sciences de la vie et de la Terre, où foisonne le possible, aussi bien qu'à celles de l'information, où règne le virtuel, toutes deux désormais à la place décisive, toutes deux induisant une vision nouvelle du monde, où les objets quittent leur ancienne passivité, où le monde se compose de matière et de miroirs, de dur et de doux. Cette nouvelle révolution industrielle se prépare sous nos yeux, les investissements financiers se portant, désormais, plutôt vers les biotechnologies et autres systèmes informatiques.

Conséquences culturelles

Cette nouvelle révolution induira, comme la première fit, autant de nouveautés culturelles. Voici pour les arts et les métiers : dès ce matin, toutes ces techniques exigent des experts formés au souci des choses et au comptage des ressources plus qu'à leur exploitation, au respect des vivants autant qu'à leur consommation, à la symbiose plus qu'au parasitisme et à la prédation, à la délicatesse des signes autant qu'à leur efficacité brutale. Qui construira, planifiera, édifiera, bâtira, extraira et même cultivera.. devra connaître, pour éviter de les saccager, les biotopes où ces programmes s'installeront et où ce travail aura lieu. Dévaster l'inerte, tuer ou blesser le vif reviennent, d'autre part, à gaspiller des milliards d'années sans pouvoir les recouvrer ; défigurer les langues, détruire les parlers locaux, voilà des crimes équivalents à ceux perpétrés contre la biodiversité. Reprenant le Grand Récit dans le bon sens, l'âge doux quittera l'ère noire de l'histoire où nous saccagions le temps tout autant que l'espace, et plus les femmes que les mâles. Il faut même réinventer le travail : j'avais nommé *vatrail* l'ensemble des exploits, programmes et projets destinés à réparer, des antiques travaux, les plus graves méfaits.

Ainsi les ingénieurs, comme les juristes et décideurs politiques, doivent-ils entrer, désormais, dans les délices de la géophysique, de l'histoire naturelle et les arcanes du virtuel. *Le Contrat naturel* proposa naguère que le monde, que la nature, que les choses deviennent sujets de droit, chose aisée dès que l'on sait qu'ils se forment pour partie d'information. La jurisprudence avance déjà sur ce point, poussée par la conscience, prise désormais, de notre puissance dure et de leur douce fragilité, à l'inverse des idéologies, archaïques autant que modernes.

Ce que le droit peut faire, la pédagogie doit, à son tour, l'accomplir. J'avais jadis regretté que l'on séparât les scientifiques, durs, des lettrés, doux, par une pédagogie où divorçaient, à torts partagés, l'expertise et les humanités et dont la fabrique produisait deux sous-ensembles sots, instruits incultes et cultivés ignares. Je regrette aujourd'hui que l'on sépare, de même, les ingénieurs experts en matières et matériaux d'avec les familiers de Faune et de Flore, de sorte que les métiers pratiques éloignent l'industrie de l'agriculture ou de l'élevage, les physiciens des agronomes. Un second concordat pédagogique devrait enseigner aux futurs ingénieurs l'ancienneté colossale et l'exquise fragilité des habitats où ils auront à installer leurs activités. Je rêve que le Muséum d'histoire naturelle redevienne le centre du Quartier latin.

Sans compter l'urgence de repenser l'ancienne université, en voie de dissolution mortuaire par la poussée des cours en ligne et l'accès universel et libre, sinon aux connaissances, du moins à l'information. Depuis longtemps je travaille à cette refonte de la vision du monde, du souci des choses, des actes de connaissance, des pratiques, des techniques, des métiers, du droit, de la formation et de l'éducation, bref, à une refonte de notre être-au-monde. Restera, demain, à reconstruire aussi la politique.

Professions

Mais déjà les métiers se transforment. De jadis jusqu'à naguère, nous reconnaissions les spécialités savantes aux conduites externes du corps. Qui traçait des équations à la craie sur un tableau noir se montrait mathématicien ; « Voilà un astronome », disions-nous de celui qui braquait un théodolite vers le firmament ; « ... un chimiste », si sa blouse blanche se tachait de couleurs devant une paillasse encombrée de cornues ; « ... un historien », s'il déchiffrait des grimoires dans une bibliothèque... Aujourd'hui, tous, indistinctement, se penchent sur l'écran de leur ordinateur, appareil universel pour toutes théories et pratiques.

Éleveur comme administrateur, maçon comme boulanger, mineur comme ministre, qui se passe de lui dans son travail ? Ancien dragueur de sables en Garonne, j'évaluais à l'aveuglette le front de taille au ras du tuf ; combien ai-je admiré, trente ans plus tard, à bord d'une suceuse au large de l'Escaut, mon successeur, penché sur son écran, d'où il suivait l'évolution de son dragage au fond de la mer ! Surveillant ce que je n'avais jamais pu voir, il dirigeait l'exploitation du pouce. Certains exercent leur métier à distance et à la maison. Mieux, à quoi bon nous déplacer à la banque, à la mairie, à l'église, au théâtre, au cinéma, au concert, au stade, à la poste, à l'Opéra, à la bibliothèque, dans les grands magasins, à l'université... puisque nous pouvons voir, lire, entendre, apprendre, faire nos commandes, gérer nos affaires… chez nous, sur notre portable? Opérateur de totalité, celui-ci unifie les services ou court-circuite les anciens. Tout ce qui, en ville, par les rues, sur les places publiques, se dispersait en édifices et boutiques se regroupe sous les pouces. L'âge doux dessine un confluent inattendu des services et des professions, donc une refonte de l'économie.

Cela se paiera, cela se paie déjà par la solitude, maladie de l'âge doux. Sauf si quelque innovateur sait concevoir, ouvrir, aménager des lieux où les Petites Poucettes iront s'adonner à leurs pratiques en y invitant et y trouvant des amis. Jadis, on nomma Utopie l'île rare, sise en un océan non cartographié, où reconstruire une nouvelle société. Sur une planète désormais surexploitée, ces îles désertes et paradisiaques ont depuis longtemps disparu. Mais cette unification nouvelle des savoirs, des services, des pratiques, des cultures peut donner lieu à des pantopies où, çà et là, se regrouperaient les Petites Poucettes pour jouir d'une appartenance neuve et d'autres solidarités. L'ancien rêve gisait nulle part; le virtuel nouveau groupe tout… et qui le voudra. Qui aura l'audace d'inventer ces pantopies?

Des arts et métiers à la culture des beaux-arts: ceux-ci quitteront, je l'espère, abstraction puritaine et raideur déchiquetée pour se plonger dans des jaillissements virtuels à la manière lumineuse des choses-diamants et dans des formes et couleurs faunesques et florales. Bienvenue à la crue, à l'inondation, à la ruée des choses, au jaillissement grouillant des vivants. Je rêve toujours de réaliser, sur la rive droite de la Seine, en face de la tour Eiffel, squelette dépenaillé de la hiérarchie archaïque et de la dureté, la danse vivante des flammes dont l'éclat illumine les dernières lignes de *Petite Poucette*.

Écrivains, savants et philosophes s'honoraient jadis de dire non à la nécessité du monde. Délaissant cet humanisme de l'opposition, de la lutte héroïque et du ressentiment, le penseur d'aujourd'hui dit oui à ce qui existe. Ce oui conditionne l'invention.

De la liberté banale

Caractériser l'âge doux exige aussi de mesurer l'importance immense prise récemment par l'économie des loisirs : tourisme, luxe, spectacles, sports, cinéma, télévision, jeux vidéo… Certes, qui ne déplore désormais que les tours organisés saccagent, à travers le monde, les sites beaux avec autant de banalités que l'industrie ou le commerce, que le luxe affiche des disparités insolentes, que les sports collectifs distribuent des salaires scandaleux, que cent spectacles navrants affligent la presse, le cinéma, la télévision, les jeux vidéo… dans une consternante redéfinition de la culture ? Énormes cependant et significatives statistiquement, les sommes investies ou consenties en voyages et croisières, dans les courses automobiles et les jeux Olympiques, la publicité des vedettes de tous ordres…, bref, dans les diverses entreprises de divertissement.

Somptuaire, cette économie émergea récemment car, voici peu, même en Occident, les heures consacrées au repos restaient négligeables par rapport au temps du travail, des occupations et des peines. Le renversement des durées respectives entre le loisir et la nécessité, parfois entre le temps de la retraite et la vie au travail, marque l'avènement d'une nouvelle forme de liberté, quotidienne, ordinaire, banale. La philosophie traite de cette notion sous les aspects traditionnels de la métaphysique ou de la politique, alors qu'elle prend ici et désormais une allure concrète, vitale, usuelle. Hier, nous nous délivrâmes en partie de la nécessité oppressante, journalière, du souci permanent, de l'obligation sans recours possible de gagner, à la sueur du front, la vie, le pain, le logis, le repos, les nôtres et ceux de nos enfants. Cette nécessité ne concernait pas le destin accablant ou la causalité globale, mais, le plus simplement du monde, la longue dureté des heures et des jours. Advint du temps libre et doux. La condition douce pour penser ! Utopie limite : quelle société connaîtrions-nous si, le travail se raréfiant, nous n'avions plus que du temps libre ?

Conditions douces de la pensée

Le débat, disent certains, la dialectique, au dire d'autres, favorisent l'invention, la découverte, la pensée. De fait, je ne sache pas que l'histoire des sciences donne un seul exemple de trouvaille conditionnée par la bataille. Car la guerre engendre la guerre, le combat le combat, le débat le débat... Rien de plus morne, de plus répétitif, rien de plus mortel. Pis, la violence engendre une violence plus grande, selon une croissance qui, récemment, alla jusqu'aux étoiles, jusqu'à la fin possible du monde et des hommes. À la limite, cette croissance atteint la mort globale. Or la pensée inventive s'identifie à la vie et la vie à la paix, hors la guerre, mortelle.

Paix

Bataille rangée ou controverse savante, chacune se déroule sur un champ préalablement déterminé dont l'étendue se fragmente finement selon les forces en présence, les intentions, stratégies, victoires ou revers, tout cela n'ayant jamais rien à voir avec le sujet en question. Le terme division fait partie du vocabulaire de la logique analytique, des conférences du type Yalta et des armées organisées. La question des frontières concerne aussi bien le débat d'idées que la géopolitique. Ainsi l'espace entier, réel ou virtuel, se trouve-t-il morcelé, tenu, occupé, investi, crénelé, attaqué, défendu. Pas un millimètre d'écart, aucun jeu par où se libérer du serrage des enjeux, pas d'autre possibilité que l'affrontement prévu et préparé. Le partage de l'espace produit la bataille qui produit le partage de l'espace. Si l'on veut perdre du temps à la critique, on peut toujours dessiner de ces cartes où se déploient ces investissements. L'on y relèverait les idées, opinions, décisions, mouvements, idéologies diverses… réductibles à leur inscription sur tel ou tel champ de conflit : pas d'invention, seulement des positions. Depuis le Moyen Âge jusqu'à ce matin, l'Université, comme la politique, produit, de soi, ces cartographies. L'histoire des doctrines et des controverses mime, de même et fidèlement, celle des religions, minutieusement découpées en hérésies, schismes, confessions et sectes.

Convaincu, déterminé, pugnace, chaque militant ne bouge ni de sa secte ni de sa cuirasse, de peur de se découvrir, et répète son format, entêté, opiniâtre d'opinion. Il tient le terrain. La chaleur brûlante de l'engagement s'oppose à la clarté de l'intuition, comme l'incendie absorbe et dévore sa propre lumière. Exclusivement attentif à l'armement ou à l'argumentation, le combattant perd l'objet de vue. Combien meurent sur le champ de bataille sans savoir à qui ni pourquoi ils donnent leur vie? Pleurant les guerres de Religion, Montaigne avoue ne rencontrer autour de lui aucun belligérant qui connaisse vraiment les raisons de se battre. La libido de la violence l'emporte sur le souci de vérité et l'intérêt pour l'inattendu; elle rend les mâles malades et les femelles bréhaignes. Le débat et même la critique alimentent la haine, mauvaise conseillère en matière de pensée, dont l'éclat s'épanouit plutôt sous la rosée de joie.

Sous mon regard incrédule et terrifié, dix intellectuels staliniens défendirent jadis des absurdités scientifiques telles qu'ils en perdirent le jugement; reliront-ils jamais leurs ferraillages, becs et ongles acérés, en faveur de Lyssenko ou contre Schrödinger? De ne pas lui laisser la bride sur le col, la passion militante tue la raison plus vite que l'adversaire. Accompagnant Leibniz pour visiter je ne sais quelle université de renom, je ne sais qui, au haut d'un amphithéâtre, lui déclara: «Pendant des siècles, les philosophes ont ici amplement débattu. — Qu'en ont-ils conclu?» demanda le penseur. Cela laissa le guide coi. Scolastiques, groupées serrées autour d'un drapeau ou d'un gourou, les écoles stérilisent les institutions où devrait fleurir l'invention. La paix seule la cultive. Or nous jouissons de la paix depuis soixante-cinq ans, intervalle de temps si rare dans nos contrées européennes qu'il faut remonter au moins à la *Pax romana* et, au plus, avant même la guerre de Troie pour trouver un moment équivalent.

Avant la bataille navale de Salamine où les Athéniens l'emportèrent sur les Perses, deux capitaines grecs, en désaccord sur la décision à prendre face à l'ennemi, crurent en venir aux mains. Quand, exaspéré, l'un leva son bâton sur l'autre, celui-ci, calmement, lui dit : « Frappe, mais écoute ! » Voilà trois mots-clés pour éviter de confondre dynamisme et agressivité, pour distinguer l'invention de la victoire. Découvrir exige et consume une énergie considérable en travail, attente longue et attention suraiguë, constance, oubli de soi, extase face à un objet virtuel qui, absent, se dérobe ; l'agression gaspille d'un coup cette puissance retenue sur un paratonnerre d'occasion. Écoute donc, si tu veux penser. Cette ouïe attentive exige, à nouveau, le silence de la paix.

Sous la flamme d'un débat violemment contradictoire se cachent, de fait, un accord préalable et virtuel sur le sujet traité, sur le langage et les termes usités – les deux capitaines parlaient la même langue et disputaient de la stratégie – plus une alliance objective de ces partenaires contre toute force qui viendrait détruire ces accords tacites, plus et mieux encore, une alliance contre tout bruit de fond qui pourrait interrompre le dialogue. Aux côtés des deux interlocuteurs montent donc deux ombres : Hermès ou l'ange, d'une part, dont les traductions favorisent et soutiennent ces accords tacites, et, de l'autre, quelque démon, prosopopée du bruit dont les clameurs casseraient en morceaux les ondes échangées. Ceux qui se croient ennemis luttent ensemble contre ce brouhaha de base. Sous tout débat loyal se terre un contrat de silence.

Anonymats doux

Mais qui étaient donc les deux héros qui, au bout de voyages et d'efforts, entrèrent soudain dans l'ombre aux éclats de diamant, dans le fond de la corne surabondante des conditions de l'invention? Oui, des anonymes. Rassemblés plus haut encore, les personnages, messagers ou traducteurs, parasites pique-assiettes, anges, musiciens et serviteurs, même Petite Poucette et ses trois milliards de frères et sœurs..., forment, tous ensemble, une foule douce où ne se trouve aucun roi, aucun tyran, nul chef ni mâle dominant. S'adonnant à de petits métiers, aucun ne prétendit jamais devenir un héros de l'Histoire, président, ministre, général ou financier, ni l'exemple ou le champion d'une morale, ni le vainqueur de quelque tournoi, ni la vedette de quelque spectacle, ni un milliardaire richissime. J'ai même été tenté de les nommer fils ou avorton, à l'instar des titres que se donne saint Paul. Mieux, les inventeurs dont je chante l'éloge vivent le plus souvent et meurent en victimes, même les sages, surtout les saints. Virtuelle et modale, la vertu accède à son comble par la modestie. Au total, profil bas : en fait, la faiblesse ; au moins, le désarmement. L'innocence ne fait de mal à personne. Peuple doux de non-violents.

Or le berger, pâtre et père des premiers moments, traite ses moutons comme des mutilés, faibles et désarmés, entoure ces soldats inconnus de cris et de commandements, les fait garder par la hargne des chiens, les protège du loup et de ses mâchoires pour mieux les conserver en vue de les manger. Là encore, la mort fonde l'unité du groupe, les ouailles elles-mêmes n'ayant plus le choix qu'entre les gueules de la meute et les masses de l'abattoir. Le pasteur habite le sommet de la tour Eiffel et mes personnages sa base. Voici le vieux schéma, debout de nouveau et constant, que le mouvement de pensée quitte, guidé par le doux.

Omnes in unum : sciences douces et dures

Méditant longuement sur les multiplicités qui grouillent en bas de cette tour ou de la pyramide un-multiple, *Rome, le livre des fondations* désigne avec admiration la découverte de Tite-Live, l'historien latin, savoir sa fascination pour le peuple, la population, la foule, la tourbe, ses ruées, *turba ruit*, bref, pour le multiple comme tel. Tite-Live ou la théorie des ensembles ! Question : que ne cesse de faire ce groupe brut ou, mieux, que faire de cette collectivité en fusion ? Réponse universelle et transhistorique : l'intégrer en la référant à l'unité. Nous ne connaissons, nous ne pratiquons que ce geste, nous n'avons que cette idée : courir de la base vers le sommet, tous vers un, tous contre un, tous en un... « *Omnes in unum* », dit le latin de l'historien.

Plusieurs traductions. Soit selon la variante sacrée : tous contre un et voici le sacrifice – Romulus découpé en morceaux au marais de la Chèvre par les pères, ainsi réconciliés par ce crime ; telle vestale lapidée, gisant sous des fragments de pierres, vieille étymologie du terme suffrage ; une sous tous, Tarpeia étouffe sous les boucliers sabins, comme César sous les couteaux des pères sénateurs, ses égaux... Soit selon la variante organique : la fable des membres et de l'estomac, récitée hypocritement par un patricien devant la plèbe révoltée, tous les organes pour un et l'estomac pour tout le corps. Soit selon la variante politique : la plèbe élit un ou deux tribuns, aveugle à ceci qu'ainsi elle imite les patriciens qui nomment les pères. Soit selon la représentation : un discourant devant tous, le visage masqué. Soit selon la variante économique : la monnaie comme équivalent général, un pour tout. L'unité fonde. Romulus, seul roi, assassine son frère et fonde Rome. Alors la ville existe, solide.

Fidèle au génie latin, l'historien de génie récite mille boniments dont nous ne sommes pas sûrs de la véracité historique – mais qu'importe, puisque le sens est là, puissamment présent, alors qu'il l'est rarement dans les cas des récits authentiques ou prétendument vérifiés – où s'agitent des milliers de personnages... Et, au ras de la pâte concrète et vivante, il accomplit sans cesse et dans le plus fin détail le geste d'intégration, d'agrégation, de solidification, d'homogénéisation, d'exactitude et de rigueur... sociétales. Comme Tite-Live ne dit pas qu'il le fait, comme il ne s'en glorifie jamais, qui voit qu'il le fait ? Cependant, toute la politique, tout le droit, toutes les pratiques socio-historiques dépendent du geste majeur qu'il dessine en précision et justesse, dans le positif, le réel nombreux et le vécu brûlant du collectif. Pour les sciences sociales, douces, Tite-Live invente le même schéma que Platon, inspiré, quant à lui, par la géométrie, dure de rigueur, schéma dont nous vantons, depuis lors, l'avènement : une seule idée de beauté pour toutes les belles femmes et les belles cavales, une unique vertu pour un essaim innombrable de bonnes actions et d'intentions louables. Fédérer, penser, même combat !

Même le vieil Hérodote, discourant du gouvernement de l'Égypte, dessine, dans une variante plutôt architecte à la manière pharaonique, le labyrinthe, dès que plusieurs nobles cherchent à gérer le pays de concert ; ensuite donne de la pyramide, schéma politique qui en résout la complication par la simplicité, un modèle sexuel – alors qu'il s'agit, de nouveau, d'une lapidation, le corps du roi gisant sous cet amas géant –: à chacun de ses amants, la fille du pharaon demande d'ajouter une nouvelle pierre – une putain, des milliers de clients; un corps mort, des milliers de pierres...

Toujours et partout *Omnes in unum*...: le modèle de la tour Eiffel.

Fable du sapin et de l'érable boule

Je reviens à la devise de Petite Poucette dont les pouces, «maintenant, tiennent en main le monde». Laissez-moi dire une fable pour éclairer la chose.

Pourquoi certains arbres, dont les sapins, ont-ils la même forme en pyramide que la tour Eiffel? Parce que les cellules de la crête secrètent une substance si toxique qu'elle inhibe la croissance des branches voisines. Cherchent-elles à les tuer? À la suite immédiate du sommet, les bourgeons successeurs peuvent à peine se développer; ainsi les branches proches y restent-elles courtes. À mesure de la descente le long du tronc, ladite substance, perdant peu à peu son efficace par dissolution, s'éteint enfin, de sorte que les branchages bas peuvent s'allonger d'autant qu'ils s'éloignent de la cime. D'où l'allure conique du roi des forêts froides. Nul ne peut se développer au voisinage de la tête ou du chef, au sommet. Quelle belle image – naturelle! – de la puissance et de la gloire! Quel poison, quel philtre politique le pouvoir secrète-t-il?

Chez d'autres arbres, au contraire, l'érable boule comme le frêne boule, les éléments du haut ne produisent aucun toxique; il n'y a point à proprement parler de haut. Ainsi leur houppier, de forme sphérique, mime-t-il un globe, capable de se développer dans toutes les directions. En toute liberté, égalité, fraternité. Image florale de démocratie. Anciens médias : peu d'émetteurs, beaucoup de récepteurs. Toile : autant d'émetteurs que de récepteurs D'où le titre de ma fable botanique : la chaîne et le réseau.

Hermès et la paix

Ange des messages, échanges et traducteurs, Hermès organise aussi le commerce, règne sur les places et les marchés. Dans la triple gradation : Jupiter, la religion ; Mars, la guerre ; Quirinus, l'économie, dont la grille de lecture éclaire l'état et la conduite de nos sociétés, le troisième terme montre deux visages : celui du producteur, paysan ou forgeron, Prométhée, celui d'autre part du commerçant, Hermès. Quirinus produit blé, viande, légumes et fruits ; court-vêtue, sa femme, Perrette, court les vendre à la ville où elle les transforme en monnaie. Or, à la révolution industrielle, l'ingénieur et l'ouvrier prirent la place de ce Quirinus rural.

Toujours là pour vendre et acheter, Hermès-Perrette détrône aujourd'hui tous les producteurs, de la terre ou de la forge, les étrangle même, parce que la place du marché ne cessant de se gonfler jusqu'à ne plus connaître de frontières, les bénéfices des échanges croissent, alors que la production garde une valeur locale, toujours ailleurs concurrencée. À la tête des entreprises, le commerçant remplace aujourd'hui l'ingénieur. Comme la transaction rapporte plus que l'action, la criée l'emporte sur le tour de main et le savoir-vendre tue le savoir-faire.

D'où je reviens à ces trois fonctions et médite à nouveau sur elles. Car Mars, dieu de la guerre, se bat pour des champs, des foyers, des frontières, limites et bornes, pour des propriétés immobilières, *pro aris et focis*. Mobile, rapide, sans racines, Hermès enjambe ces lignes, les traverse, les méconnaît, les dissout, devient l'anti-Mars par excellence. Résultat majeur : la place du marché, au milieu de la ville, imposait sa paix pour qu'aient lieu les transactions ; soumis à Hermès, le village mondial est en paix aujourd'hui. Règne l'ordre des échanges. Le dieu de la communication imposa cette paix, en raison des messages, des traductions, surtout du commerce. Mort de Mars, fin des conflits, terme, peut-être, d'une ère de l'histoire. Si le monde vit aujourd'hui sans guerres autres que marginales ou civiles, état que les statistiques mondiales décrivent sans aucune ambiguïté, nouvelle toujours inexprimée parce que absolument nouvelle et donc inexprimable, nous le devons à Hermès et aux descendants de ce dieu des échanges, Petite Poucette en tête. Vraie version de l'âge doux.

Quelle paix ? À quel prix ? Si j'ose dire, au prix du prix, je veux dire à celui fixé par l'argent, désormais maître du monde. Quirinus, dieu de l'économie, a-t-il supplanté à jamais les deux précédents, Jupiter et Mars ? Hélas, il fait autant de victimes humaines, et il y ajoute la destruction des vifs et de la planète.

La distribution tue la concentration

La dynamique de l'argent produit donc, de nouveau, le schéma *Omnes in unum* : un cénacle restreint de dieux olympiens, obèses d'ambroisie, plane au-dessus d'une mer croissante d'appauvris. D'Hermès émanent désormais plus de misérables, parfois mourant de faim, que de Mars n'expirent de victimes. Alors le commerce devient une guerre livrée avec d'autres moyens.

Tout beau. Passant récemment par les couloirs du métro d'une métropole asiatique, je remarquai la nouvelle stratégie d'un grand magasin : au lieu de déployer sur les murs de ces couloirs une publicité banale, il y alignait, en de longues bandes dessinées, codes et figurines de ses produits ; passant là, les usagers, cliquant de leur portable sur les objets de leur choix, font ainsi leurs courses sans se déplacer. Question : que va devenir, à terme, le magasin lui-même, bâtiment, avenues, rayons et Caddies ? Dissous, inutile, évanoui ? J'ai longé des années la rive droite de la Seine devant le chantier où, en quatre tours géantes, la Grande Bibliothèque projetait d'amasser des millions de livres ; je riais : les décideurs, architectes, concepteurs, avaient-ils entendu parler de l'ordinateur ? Ces livres, nous les consultons déjà tous chez nous ! Les cours en ligne rendent-ils encore nécessaire la concentration des étudiants, professeurs, labos, amphis, bibliothèques en un même lieu, nommé Université ?

Voilà le mot décisif. Nous sortons, décidément, de l'ère où tout devait se concentrer *in unum* : produits à vendre ou acheter, livres à lire, jeunes gens à instruire, capitaux… La distribution tue la concentration, mes livres le proclament depuis plus d'un demi-siècle. Cela, désormais, a lieu sous nos deux yeux. Tenant votre mobile en main, vous pouvez dès maintenant trouver le véhicule particulier qui propose de se rendre où vous voulez aller, puisque le conducteur, isolé, y allant de soi-même, propose une place à un passager possible ; voici, sur le même écran, l'appartement où vous coucherez ce soir, chez une vieille dame à la recherche d'un modeste rapport et d'une compagnie ; la ferme où vous passerez vos vacances, en dehors du chaos des plages fréquentées, s'y affiche encore… Souples et individuels, ces mille partages éparpillés cassent de nouveau le schéma un-plusieurs, défait toute concentration et provoquera un raz-de-marée qui risque de noyer les sommets olympiens. Paierons-nous enfin autrement que par le vieil équivalent général ? Fin du règne exclusif de l'argent ?

Reste alors la question des données, puisque, dans ce commerce de partages singuliers, les données doivent, de nouveau, se concentrer, au moins sur une plate-forme, pour se trouver, en temps réel, à la disposition de chacun. Cruciale, la bataille sociale et politique d'aujourd'hui les concerne, puisque, peu à peu, elles équivaudront à l'argent. Le remplaceront-elles ? Quoique publiées, les données personnelles doivent demeurer la propriété de ceux à qui elles appartiennent. Voilà, désormais, le bien commun, bien de tous et de chacun, souvent de manière difficile à partager. Faudra-t-il le laisser à d'énormes multinationales ou le confier à une agence d'État ? Deux fois le geste *Omnes in unum*, deux fois la répétition de la vieille lutte du libéralisme contre l'étatisme, deux fois réapparu le profil de Big Brother ! Pour nous adapter à ladite distribution, j'aimerais inventer, je l'ai dit, un nouveau métier, dont le nom, imité du titre de notaire, dépositaire des contrats et des biens d'autrefois, se dirait dataire, dépositaire, en confiance, des données de chacun.

Messieurs les juristes, encore un effort ! L'innovation sociétale devient aujourd'hui notre besoin le plus pressant.

Effets sociopolitiques : la fin de la tour Eiffel

Archaïques déjà, nos médias comportent peu d'émetteurs et beaucoup de récepteurs. Les puissants n'ont pas de mal à les tenir en main. Pointue en haut, la tour Eiffel s'appuie sur une base large. Tous les gouvernements de l'histoire adoptent une forme analogue : en haut, peu de décideurs – rois, tyrans, familles d'aristocrates ou partis politiques, groupes de pression – et en bas, autant de sujets que les puissants aiment appeler citoyens. Les pouvoirs n'ont pas de mal à les tenir en main.

Les réseaux d'aujourd'hui comportent, au contraire, autant d'émetteurs que de récepteurs. Cette authentique nouveauté, numérique pour le coup, laisse espérer que se rompe le cercle vicieux et enchanté de la politique et des médias dont la drogue endort lesdits citoyens. Ouvrière de cette rupture, Petite Poucette lance sa devise. Oyez l'arrière-nièce d'Hermès la clamer, portable au poing : « Maintenant, tenant en main le monde. » Ce criant, elle décrit d'abord le temps présent que la langue française, avisée sur ce point, désigne par ce que, précisément, quelqu'un tient en main. Or la fille maintient et manipule son téléphone cellulaire, muni d'un ordinateur. Et que tient-elle en main, justement, maintenant ? Tous les lieux du monde, par le GPS ; par Wikipédia et autres moteurs de recherche, elle accède, en quelques touches, à toutes les informations possibles ; enfin, elle peut se connecter, en moins de cinq appels, à toutes personnes quelconques, selon le théorème statistique dit *du petit monde.*

Ainsi, par la gemme aux millions d'éclats qu'elle tient à la main, quasi-objet tenu de même par des milliards de Petites Poucettes, entre-t-elle dans l'immense caverne virtuelle remplie de choses et de personnes, d'échos, de reflets adamantins, d'images et d'appels, sur le mode du monde et de l'universel. Les lieux, plus les personnes, plus les informations : cette addition a, en effet, pour somme le monde, le même dont les lignes de tantôt viennent de capter la lumière des gemmes. Elle a donc raison de s'exclamer : «Maintenant, tenant en main le monde!»

Elle se reprend : «Maintenant, tenant en main le nouveau monde», dit-elle. Et puisqu'elle appelle son portable Denis, du nom de l'évêque jadis décapité, elle s'écrie aussi : «Maintenant, tenant en main ma tête!» Espiègle, Petite Poucette intervient, de nouveau, dans l'affaire et demande : «Lorsque Victor Hugo évoquait :

> *Mon âme aux mille voix que le Dieu que j'adore*
> *Mit au centre de tout comme un écho sonore*

montrait-il quelque prémonition de ce que, maintenant, je tiens en main? Est-ce que je tiens en main mon âme, en même temps que celles dont je me fais l'écho? Mon âme, mon double...» Ou, mieux encore : «Maintenant, nous tenons en main nos têtes» puisque le monde, nos têtes et, peut-être, nos âmes ont ces appels, voix, échos et miroirs en commun, puisqu'un nouveau monde humain s'y annonce et s'y assemble virtuellement. Toutes, alors, annoncent ensemble : «Maintenant, tenant en main l'âge doux.»

Ensemble? Qu'est-ce à dire?

Les Petites Poucettes bousculent les augustes

Qui, en effet, avant mon héroïne, pouvait annoncer, de soi, ces quelques devises là? Auguste, empereur de Rome, à qui Corneille, dans *Cinna* fait dire : «Je suis maître de moi comme de l'univers»; Gengis Khan, cavalier conquérant, piétinant des milliers de cadavres; Jules II, pape génial; Louis XIV, Roi-Soleil; tel milliardaire, aujourd'hui...? En tout, des personnages rarissimes, tous absents de mes livres, tyrans tueurs, malades mentaux du pouvoir, de l'avarice et de la cruauté, tous debout, statufiés sacrifiés, à la pointe aiguë de la tour Eiffel ou des pyramides d'Égypte, selon ce schéma, invariant durant des millénaires: nains jaunes juchés laminant des foules d'humains écrasés.

Or désormais, innombrable nouveauté, plus de trois milliards de Petites Poucettes crient en temps réel cette devise altière devenue commune. Trois milliards: chiffre quasi équipotent à la population du monde. N'entendez-vous pas ces incalculables appels, issus de supports matériels se reflétant les uns les autres, mimant les gemmes de la caverne de Verne, ces myriades chaotiques de messages possibles, comme le bruit de fond prometteur de signaux à venir, comme la noise annonçant une marche pas à pas vers une authentique utopie politique, vers un droit nouveau, issue de cette forêt aujourd'hui de non-droit, d'une démocratie renouvelée? Démocratie qui, ô surprise, ressemble soudain à la manière dont les choses elles-mêmes font un monde. Je dis bien: utopie, car le monde ainsi formé apparaît dans le virtuel, dans un espace que beaucoup encore disent irréel. J'aurais pu dire, tout à l'inverse: pantopie, puisque chacun imite ainsi la totalité du monde. Je dis bien: démocratie, car les humains ont coutume de passer leur temps à rendre réel le virtuel.

Qui oublie, de plus, ce que je viens de dire, qu'Auguste, empereur romain, Gengis Khan, conquérant mongol, Louis XIV, roi de France, Napoléon, Staline, Pol Pot et tant d'autres ne se maintinrent au pouvoir qu'en répandant autour de leur siège une odeur atroce de cadavres par milliers? Et que nos groupes se compactent par coagulation de sang versé ? Certains criaillent toujours à tue-tête autour d'un étendard sanglant .. Non, nous ne sommes plus les mêmes individus.

Des individus invisibles en foule

Les éléments du multiple se jetaient vers l'un – *Omnes in unum* – parce que, jadis et naguère, l'individu n'existait pas. Athéniens dévots d'Athéna aux yeux pers, Juifs du peuple élu, citoyens romains... se définissaient par la cité, le quartier, la tribu... Noyé dans son ensemble, un singleton quelconque cultivait son appartenance plutôt que son originalité personnelle ; nous rabotions le rugueux de notre disparate pour mieux nous fondre dans le collectif et nous laissions aller à une libido d'appartenance tenace. *Homo politicus* n'est pas encore un individu. Aujourd'hui même, notre carte dite d'identité ne cite que des mentions d'appartenance, nous définit donc encore comme à l'intersection de plusieurs ensembles : ceux qui naquirent à cette même date, en ce même lieu, de ce même sexe, qui portent ce même prénom et ce même nom, qui mesurent telle taille ou pèsent tel poids...

Pour rompre avec ce format pesant, Socrate d'abord – « Connais-toi toi-même » –, saint Paul ensuite – « Il n'y a plus ni Juif ni Grec, ni homme ni femme, ni esclave ni homme libre, mais toi, toi seulement devant le Seigneur... » –, au moins dans le cadre de la morale et de la religion, donnèrent naissance à l'individu. Il aura fallu, plus tard, les efforts isolés, séculaires, tenaces, peu suivis, de saint Augustin, Montaigne, Descartes, Rousseau, des écrivains autobiographiques..., plus des techniques comme celle de la photographie, pour que, peu à peu se développe et se répande l'idée, aujourd'hui commune, que nous pourrions tous devenir des êtres autonomes, moins dépendants de toute appartenance que nos aïeux. Je ne suis même pas sûr que toute ma génération l'ait su ni vécu. Mes contemporains disent *je*. Je pense, je suis.

Joyeuse nouvelle, Petite Poucette devint un individu, peut-être la première, statistiquement parlant, *inter pares*, dans notre histoire. Voilà pourquoi agonisent les anciennes appartenances, de la paroisse à la nation, de la cellule commune à la patrie. Elle les quitte, parce qu'elles exigeaient certaine perte de l'identité, parfois jusqu'à la mort, au moins faisaient obstacle à son apparition. À la pensée, aussi bien.

Mais une autre raison, quasi transcendante, fait qu'elle devient, d'un coup, une sorte de super-individu puisque, maintenant, tenant en main le monde et quoique noyée dans une nouvelle multiplicité, elle l'emporte sur n'importe lequel des uns de naguère et jadis, Louis XIV, Jules II ou Auguste. Intérieure à cette multiplicité, Petite Poucette en fait partie, certes, comme un élément quelconque, mais s'en dégage puissamment, car elle est aussi bien l'un exceptionnel, fédérateur et extérieur au multiple, en tant que maintenant elle le tient en main, donc intérieure et extérieure, donc banale et rarissime, donc solidaire et solitaire. Au total, elle est l'un du multiple, noyée dans son ensemble, mais elle est aussi l'un du multiple, l'unité extérieure qui le fédère et lui donne consistance. Les deux à la fois. Beaucoup plus seule, beaucoup plus entourée ; plus silencieuse, plus occupée de communications ; moins politique, mais plus mondiale, au sens des humains et au sens de l'environnement ; virtuelle, certes, mais pas beaucoup plus que les lecteurs de jadis, les poètes, rêveurs et amoureux de tous les temps. Autour d'elle et comme elle, toutes les autres Petites Poucettes sont devenues, de même, des individus, élémentaires, exceptionnels.

Il faut donc, et d'urgence, penser à la fois cette nouvelle solitude et de nouvelles solidarités, cette existence à la fois transparente et privée en même temps qu'une politique inattendue, si neuve qu'elle n'entretiendra aucun rapport avec le schéma de société, conique et constant, qui nous précède. S'il existe désormais autant de tours Eiffel que de Petites Poucettes, autant de rapports un-multiple qu'il y a d'individus dans le multiple, je veux dire d'individus connectés, soit plus de trois milliards dans le monde, quel schéma dessiner pour la nouvelle société, dans quel espace de voisinage le placer, dans quelle géométrie, dans quelle topologie le penser ? Cela pose simplement la question du gouvernement : qui va décider ? Tous ? Chacun ? Avons-nous encore vraiment besoin d'un gouvernement ?

Prix du chef

J'entends Grand-Papa Ronchon prétendre, peut-être avec raison, que, pour les décisions, un groupe donné ne peut se passer d'une tête qui la prenne, d'un chef de quart à la passerelle, donc d'un roi, d'un président, d'un responsable, bref, d'un chef, que ce peuple a besoin d'un décideur, d'un entraîneur, d'un guide, et même qu'il en rêve, qu'enfin l'utopie du multiple déchaîne les violences inhérentes au multiple pour ramener inévitablement au chaos. Ce à quoi je réponds par une estimation. A-t-on, en effet, tenté d'évaluer le prix de cette unité au sommet, le coût social de ce centralisme dit jadis démocratique par hypocrisie? Comptons. Combien la gloire d'Alexandre a-t-elle coûté de morts à la Macédoine et à l'Orient? Combien de Gaulois tués pour que Jules César consacre des *Commentaires* à son propre génie? Et combien de victimes pour allumer le soleil de Louis XIV, couronner l'abeille reine de Napoléon, aiguiser la faucille de Lénine et alourdir le marteau du stalinisme, orner la croix gammée de Hitler, accompagner la Grande Marche de Mao ou pousser les purges de Pol Pot...? Quel bénéfice réel lesdites sociétés ont-elles tiré de tant et tant de meurtres, perpétrés pour rien, pour la lueur fugace d'un paranoïaque, au-dessus de leur épuisement? Qui veut aujourd'hui payer ce prix?

Personne. Pas Petite Poucette, en tout cas. Spécimen parmi des millions d'autres, elle évoque une multiplicité; elle équivaut à dix moutons, à cent brebis et au berger ensemble. Après celle du pasteur, seul, et celle des moutons en troupeau mimétique naît une troisième humanité, formée d'unités distributives...

Espaces encore

... qui hante un nouvel espace de voisinages, tout différent de l'espace métrique, défini par des distances et que nous habitons depuis que nous errons sur la face de la Terre, espace dans lequel pyramide ou cône se dessinent. La difficile solitude supportée par Petite Poucette s'explique par ce transfert; non point par un changement de site dans l'ancienne étendue, ce qui équivaudrait à un voyage banal, mais par une mutation de l'espace lui-même. Question: peut-on en changer vraiment?

Exemple. Lorsque, enfant, je visitais Maria, ma grand-mère infirme depuis des années, elle me recevait dans sa chambre, assise dans les coussins de son fauteuil, tricotant indéfiniment des chandails de laine pour les enfants, la famille et les voisins Derrière ses bésicles, elle me regardait avec une tendresse peut-être timide. Aidée de mon grand-père Augustin, elle se déplaçait peu, trébuchante, pour aller de son lit à la cuisine et des fourneaux à la toilette. Ces mouvements, elle les déployait dans un premier espace dont elle pouvait, douloureusement, mesurer les distances, toujours trop longues pour elle. La voilà euclidienne, cartésienne, métrique pour tout dire. Mais quand elle me voyait arriver, qu'elle plissait des yeux ou quittait ses lunettes pour tenter de traverser du regard les obstacles qui gênaient sa vue : la porte entrouverte, le couchant qui s'achevait, un rideau mal fermé, la lueur tremblante des bougies…, nous nous percevions réciproquement dans un espace perspectif, projectif, muni de points de vue obliques, de profils flous, de coupes mêmes, voire d'horizon. « Tu as mauvaise mine, mon fils. — Tu as mauvaise vue, mère-grand. » Mais elle ne cessait, ce faisant, d'agiter ses dix doigts autour de ses deux aiguilles à tricoter, sans y jeter l'œil une seconde ; elle touchait les fils, nouait les mailles, deux à l'endroit, une à l'envers, relançait l'aiguille qui venait de se vider, le tout à l'aveugle, rien qu'au tact, de voisinage en voisinage. Et là, elle travaillait dans un troisième espace, topologique justement. Elle habitait le premier en mouvements, le deuxième en regardant, le troisième en caressant. Non, nous n'habitons pas toujours un seul espace, mais parfois plusieurs ; par les jambes, la vue et le tact, nous en changeons sans cesse et sans y prendre garde, aussi corporellement que ma mère-grand. Sans doute même vivons-nous dans leur intersection.

Autre exemple : tassés dans le métro comme sardines en caque, nous nous approchons les uns des autres sans nous regarder, chacun enfermé sur soi, dans une solitude totale, déterminée par cette étendue, formatée par une technique à géométrie métrique et par la densité de son occupation : éloignés à quelques centimètres près. La rame se change vite en un cloître laïque, en une cellule de prison pour innocents. Équipées de casques, de portables et d'ordinateurs, adviennent alors dix Petites Poucettes, attentives et bavardes. Contrairement à nous autres, vieux solitaires silencieux, elles parlent, elles, avec voisines et voisins, non point situés à même cette caisse étroite, mais à Pontoise, Christchurch, en Nouvelle-Zélande, ou au Labrador, chez les ours. Alors que vous les croyez à quatre pas de vous, elles habitent un autre espace, tout nouvellement défini, à travers lequel se nouent des relations jadis impossibles. Nous vivions entassés dans un désert, elles communiquent avec et parmi une foule conviviale.

Voilà un espace virtuel devenu réel. Nous y naviguons, nous le traversons, nous l'utilisons en temps réel. Nouveau champ de la pensée

Variation formelle sur cette question

Un capitaine, des matelots, un tyran, une foule de sujets ; un président, des citoyens ; un directeur, une masse de cadres, d'ouvriers, d'employés ; un journaliste, des milliers de lecteurs ; un animateur, des millions de téléspectateurs… En somme : un berger, des troupeaux – moutons, brebis, béliers agités… –, un sommet ponctuel unique, une base nombreuse et large, voilà que se redessine le format de la pyramide ou de la tour Eiffel. Un concept, des exemples : la pensée reproduit cette forme.

Démontrée mathématiquement, l'harmonie préétablie établit, chez Leibniz, que deux ou trois personnes, citoyennes ou brebis, liées par leur relation, n'ont besoin d'aucun tiers pour les aider à communiquer, puisqu'elles peuvent le faire sans lui aussi facilement que si elles passaient par lui. Mais au-delà de quatre, le réseau des liens devient si nombreux et si enchevêtré qu'il oblige à passer par cet unique intermédiaire, le long de chemins plus rapides, simples et faciles. D'où le format du cône ou de la pyramide. Pour entrer en communication, proche ou à distance, nous passions jadis par la demoiselle du standard téléphonique, image féminine du Dieu de Leibniz.

Construisons maintenant, par pliages successifs, des formes plus complexes que la pyramide. Voici, pour commencer, un cube : douze arêtes y relient entre eux huit sommets. À partir de cette figure, nous pouvons former des polyèdres, réguliers ou non, de plus en plus compliqués, de sorte que s'y multiplie le nombre des sommets, comme celui des arêtes. Les cristaux de la nature, solides, montrent parfois de telles formes, admirables. À la limite, j'allais dire liquide, la sphère se présente comme un polyèdre à nombre infini de sommets : chaque point à la surface de la boule ou de la goutte. Supposons enfin que le rayon de cette sphère croisse jusqu'à l'infini : nous retrouvons le plan, où tout point devient lui-même un sommet et où tous sont reliés par la courbe de Peano.

Voici la toile idéale, désormais réelle, où chaque individu ponctuel, devenu lui-même cime, prend la place d'un sommet, oublié parce que devenu inutile, de la pyramide ou du cône de jadis. Nos réseaux contemporains fonctionnent ainsi. Nul n'a plus besoin de passer par une instance unique pour avoir rapport à un ou quelques autres, aussi éloignés, aussi étrangers soient-ils, parmi le réseau. Cet état de la société court-circuite les anciens circuits, mais aussi sans doute les autorités. S'évanouissent les pères : capitaine, roi, président, animateur, berger, bref, l'intermédiaire universel, Hermès jadis ou le Dieu de Leibniz. Bruissent et passent des légions d'anges innombrables, nous. Moutons, nous voilà devenus bergers.

Nous pouvons réaliser ces relations immédiates, foudroyantes, parce que nous ne vivons plus dans un espace euclidien, cartésien, métrique, défini par la mesure de distances – celui que Montesquieu mesurait pour établir les différents régimes de gouvernement : petites distances, démocratie ; longues traversées, tyrannies... –, mais dans un espace topologique de voisinages. Certes, nous nous déplaçons encore, par corps, à travers des longueurs, des passages, des obstacles, des guichets, mais nos actions, nos relations, nos pensées, nos métiers ont lieu, de plus en plus souvent, dans cet espace nouveau, en temps réel et sans nulle encombre. Transparent ou blanc, l'espace virtuel se traverse, en effet, sans file d'attente devant un guichet, sans aucune bousculade, sans porte ni fenêtre, sans muraille ni frontière, sans paroi ni précipice, sans sirène ni écueil...

La description que je viens de proposer suit des pliages de topologie, au contraire de la démonstration leibnizienne, déployée, quant à elle, dans l'espace métrique, long et difficile à traverser pour accéder à l'harmonie préétablie.

Utopie

Un écrivain de génie nomma jadis Utopie une île égarée dans un océan non hydrographié ; le mot signifiait alors un lieu inconnu ; il désigna plus tard un non-espace, imaginaire ou rêvé, souvent ridiculisé. Découverte de notre ère : le voilà réalisé! Oui, cet espace virtuel de communication devient réel, techniquement, scientifiquement, concrètement, humainement. Comme, depuis au moins un siècle, toute la planète se trouve explorée, reconnue, cartographiée, exploitée, quasi dévastée, nous avons inventé un espace de plus, hors de nos lieux usuels, où les obstacles matériels, absents, n'empêchent aucun accès. Ni bouchon, ni embouteillage, ni interminable queue, il n'y a pas là de corps qui puisse faire écran à ce que l'on peut faire sans corps – voir les pages « hautes » sur les cosmonautes. Nous avons construit ou conquis une utopie, nous l'avons rendue maniable, oui, nous la tenons en main. Et comme mille Petites Poucettes, souplement, commencent à l'habiter, y déploient leurs relations, en reconnaissent les usages et les tours, reste à l'aménager collectivement, soit à réinventer un socialisme utopique.

Je l'espère aussi efficace que l'ancien, à l'inverse du socialisme dit scientifique dont les avatars politiques produisirent des millions de morts. Ridiculisés par ce scientisme, ses projets nous donnèrent pourtant tout ce qui, aujourd'hui, nous fait la vie douce, condition de la pensée : la Sécurité sociale, les crèches pour nos enfants, les banques pour les plus pauvres et les paysans, dix mutuelles et autres coopératives, bref, autant d'appartenances vitales d'entraide, non mortelles comme l'étaient les anciennes. Vive les premières utopies, plus réalistes et réalisées que l'on ne croit, vive la seconde en train de se construire! L'âge doux réalisera-t-il cette utopie, mieux encore, cette pantopie?

Sociologie douce

Nos moyens de communication nous offrent, de plus, une chance unique : nous, la société, pouvons entendre ce que dit globalement la société, comment elle le dit, ce dont elle souffre et ce dont elle jouit, et, peut-être, au bout du compte, savoir ce qu'elle est, connaître sa grossièreté, ses travers, ses sottises lourdes, sa vulgarité profonde, mais aussi ses gestes généreux, son génie, sa sainteté, surtout le besoin de chacun de parler à plusieurs et de les retrouver. Pour la première fois, chacun peut tout entendre et constater : porno, crime, leur vente surtout, héroïsme et vertu, saufs, quant à eux, de commerce, le tout sans filtre, en mélange hurlant et chaotique, sans bouclier hypocrite ni sublimation et sans l'intervention d'un filtre théorique. Nous vivons en permanence noyés dans ce bruit de fond collectif, tenant en main ses grands nombres.

Ce que j'ai dit tantôt de l'observation, pour les sciences expérimentales, remplacée désormais par un traitement sophistiqué de données en foule colossale, se répète ici pour les sciences humaines. Même nombre énorme de données sur la société, même traitement délicat, résultats inattendus. Nous pouvions difficilement prévoir quelles conséquences telle décision, technique ou politique, pouvait entraîner ; nous pouvons aujourd'hui dessiner mille scénarios conditionnés par autant de variables et de paramètres.

Obscure et universelle, cette transparence laisse certes aux puissants la possibilité de développer d'indiscrètes surveillances personnelles et d'abominables espionnages collectifs, mais, par les mêmes opérations, un seul individu peut dénoncer aussitôt ces abus et rendre les coupables détestables universellement. D'où revient le vieux dit ésopique : les langues, et, partant, tous les moyens de communication imaginables, peuvent devenir la meilleure et la pire des choses.

Avant ce plongement dans la globalité, la sociologie, semi-conductrice, faisait observer certains par d'autres, jamais ces autres par certains ; vîmes-nous quelquefois une équipe de bergers pyrénéens venir à Paris étudier la sexualité des chercheurs au CNRS, ou des cailleras du neuf cube passer le périph pour élucider les mœurs des journalistes et des énarques, spécialistes en sciences politiques ? Une fois de plus se retrouve, ici dans la connaissance, la forme de la tour Eiffel, puisque, sans qu'elle se retourne jamais, fort peu d'experts étudient une foule d'observés qui n'en peuvent mais. Puisque désormais chacun peut observer l'ensemble et réciproquement, nous voilà tous sociologues.

La Toile changera-t-elle la cognition en sciences humaines, comme la vision du monde que je propose change sa connaissance ?

Second renversement de ce livre

Voici les deux retournements quasi contemporains, que ce livre célèbre à égalité. De même que le Grand Récit m'incite à penser que le monde et les vivants pensent ou inventent comme, en quelque sorte, et le plus souvent mieux que moi, de même, non plus les sciences dures, mais les douces enfin devenues vraiment douces, me poussent à penser que *nous* pensons parfois mieux que ceux qui prétendent penser à notre place pour nous dire qui nous sommes.

Souvenez-vous de nouveau du troupeau et des moutons conduits par le berger, ses chiens aboyant au cul des brebis. Le vieux verbe *agere* disait bien que le pasteur les conduisait ; mais les voilà ensemble paissant, innombrables, agités, oui, *co-agitants*, cogitants que je sache. Qui pense, alors ? L'unique pâtre ou le multiple disparate? Le formatage des collectifs par telle unité, hélas valable pour tous, empêchait, empêche toujours que chacun trouve en soi l'endroit de talent original qui sauverait sa vie; nous enterrons la plupart de nos semblables sans qu'aucun ait jamais pu le découvrir. Combien d'existences gâchées? Ce lieu virtuel ne demandait qu'à scintiller, qu'à éclater devant tous. Comme le monde et les vivants, la société ressemble à la caverne aux gemmes où se croisent feux, signaux et reflets. Jusqu'à hier, sous un cadenas muni d'un chiffre, sa porte était condamnée.

L'âge doux la rouvre.

Perte des repères

Arrêt de mes rêves, retour aux réalités. Grand-Papa Ronchon tempête volontiers sur la perte des repères. Il aurait vécu, lui, dans un espace référé à des points cardinaux qui auraient disparu; il aurait toujours su son chemin; il aurait sans cesse disposé d'une méthode. Par parenthèse, qui suit une route et une manière d'y marcher, d'y procéder, ne trouve jamais rien de nouveau sous le soleil. À l'opposite, Petite Poucette vivrait aujourd'hui sans référence, errante dans une étendue chaotique. Cette critique s'accompagne rarement d'une carte indiquant les amers désormais manquants. Parvenu largement à l'âge du râleur et doté de la même mémoire que lui, je peux tenter d'en restituer une liste.

Parmi laquelle je retrouve la patrie ou la nation dont les exigences, je viens de le dire, demandèrent, au siècle dernier, une bonne centaine de millions de cadavres; j'y trouve également l'idéal révolutionnaire, incarné par Lénine, Staline, Mao ou Pol Pot, rien que des braves gens, aux exploits non moins sanglants. Voilà pour la solidarité politique – je ne parle ni des nazis ni des fascistes, criminels aux idéaux racistes. Quant à l'éthique personnelle ou sociétale du passé récent, elle se centrait volontiers sur l'iniquité des mâles par rapport aux femmes, des Occidentaux face aux colonisés, desdits civilisés au regard des prétendus sauvages, enfin des humains en général envers tout ce qui vit ou existe sur la Terre, choses et espèces livrées sans défense à nos aises et saccages. Lesdits repères auraient-ils quelque rapport à la mort ? Des cultures d'autrefois, la camarde n'assurait-elle pas la compacité ? Quel rôle-titre la tragédie tient-elle dans nos arts, nos récits, nos romans et l'histoire ? Sur dix meurtres, on le sait, la moitié au moins sont perpétrés par un assassin qui connaît sa victime et un pourcentage important se commet au sein de la tribu ; tous les deux jours, je crois devoir le répéter, une femme meurt sous les coups de son mari ou de son compagnon et, sous les sévices des parents, deux enfants par semaine.

Celui qui a dit : « Aimez votre prochain comme vous-même », génial deux fois, inventa, d'une part, l'individu par une relation pathétique à soi-même et nous apprit, de plus, que la haine mortelle se nourrit du voisinage plus que de l'étrangeté, oppose donc les frères ennemis plutôt que des inconnus. Au total, travail, famille, patrie, voilà les trois repères étoilés qui ornaient la manche du vieux maréchal.

Avec autant de fraîcheur amusée que le sénile colérique de tantôt, je retrouve, en riant de ses oublis, assez de souvenirs amers pour savourer intensément mon plaisir enthousiasmé que les soleils qui aveuglèrent notre jeunesse aient enfin disparu de notre ciel. Quel progrès, quel soulagement, quelle vraie libération que ce changement d'espace ! Quel bonheur assurément : nos techniques douces nous permettent désormais de naviguer au GPS, sans repère préalable. Pour découvrir des lieux inconnus.

Devenue individu, Petite Poucette, autonome pour son activité, ses déplacements, et surtout pour la morale, s'écrie volontiers : « Mon repère, c'est moi ! » Vigny, déjà, n'écrivait-il pas : Qu'importe mes ancêtres, ils descendront de moi ?

Variation savante sur cette question

Jadis, quand nous nous repérions à un phare, à un amer, à une borne sur la Terre, on pouvait croire celle-ci fixe et voir le ciel entier tourner autour d'elle. Enfin Galilée vint et prétendit, après bien des astronomes grecs, qu'elle tournait autour du Soleil. Le repère passait d'ici même à l'astre du jour. Kant appela cet antique et moderne changement : révolution copernicienne. Plus tard, les astrophysiciens calculèrent que notre étoile journalière se réduisait à une vieille naine jaune proche de sa nova et mobile parmi le fouillis des supergéantes bleues et rouges peuplant multiplement la Voie lactée, nouveau repérage. Or encore cette nébuleuse, la nôtre, se perd à son tour parmi les milliards de galaxies de l'Univers, toutes soumises à une expansion par rapport à laquelle les mouvements d'avant se relativisent, petits. Le big bang sert-il alors de repère spatio-temporel ?

D'où une leçon en réponse au Ronchon : le repère des mouvements importe moins que le mouvement propre aux changements de repères, dont l'histoire évolutive, fine, intelligente et décisive, ensemence et enthousiasme la raison, en même temps qu'elle ordonne l'Univers. Galilée disait : « Pourtant la Terre tourne ! » Nous avons appris que les repères s'approfondissaient.

Direction de la pensée.

Un autre pasteur : une éthique individuelle

Morale, maintenant, et de l'individu à nouveau. Il était autrefois un berger. L'une de ses brebis avait quitté le troupeau. À force de fouiller, en la cherchant, recoins et rochers, il entra dans une grotte où, dans une tombe qui se trouvait là, il découvrit un cadavre, nu, qui portait une bague à un doigt. Il la vola. Plusieurs jours plus tard, comme il s'ennuyait à une réunion de bavards, il tourna, sans y penser, le chaton de la bague à l'intérieur de son auriculaire et devint, de ce coup, invisible. Par deux ou trois essais, il s'aperçut de son nouveau pouvoir. Il en profita. Vola, pilla, viola, s'enrichit, devint roi. Oui, le roi vit si seul en sa cime, que l'on pourrait en effet le dire absent ou invisible.

Il ne s'agit pas ici de mon pasteur aux mille ouailles, mais de Gygès, celui de Platon, qui raconte, en cette histoire ou ce mythe, que nul ne suit les lois morales s'il échappe à toute surveillance. Preuve que la visibilité, que la présence collective concrétisent la morale ; ôtez-les, vous créez des bandits. Cela en dit long sur l'individu solitaire, sur le corps et l'apparence, en dit plus long encore sur la morale, plus dure qu'on ne le croit, puisqu'elle se réfère aux os, à la peau et au visage, à la présence réelle, bref, à ce que l'on appelle aujourd'hui le présentiel. Virtuelle au contraire, la Toile devient-elle, par la solitude des navigateurs, un lieu d'immoralité ?

Une constante exposition publique garantit-elle, au contraire, une morale ? Vivons-nous tous sous le regard de Dieu, dont l'œil nous suit partout, même dans la tombe où Caïn assassin cherchait à se cacher ? Quand ce regard s'aveugle, qui garantit notre bonne conduite, sinon la société qui reconnaît chacun et le nomme ? Or, justement, Petite Poucette, au nom de code, reste en quelque façon anonyme, invisible, à l'image de Gygès. Sur la Toile, elle peut prendre, en effet, n'importe quelle apparence, n'importe quel sexe, n'importe quel titre, n'importe quelle identité, puisque nul ne la voit ni ne la devine. La Toile la voile et qui se voile peut violer la loi. Elle peut donc agir comme le berger qui voulait devenir roi et le devint par crimes.

Oui, l'homme invisible triche ; triche, c'est-à-dire cache ou code. Un monde codé, un univers de virtualités, voilà des lieux où les passagers peuvent tricher assez pour donner libre cours à toutes turpitudes. Il en est ainsi, nous n'y pouvons rien. Nul n'enseignera jamais une éthique à l'homme invisible. Il échappe à toute règle. Il ne les apprendra que par lui-même. L'individu devient alors moralement autonome ; il se conduit soi-même, car il ne peut avoir de garantie que soi. Impossible ? Peut-être. Mais, si elle se pratiquait, il s'agirait enfin de la vraie morale, puisque, sans contrôle social, l'hypocrisie ni la contrainte n'y pourraient plus intervenir.

L'invisibilité pour chacun

L'ancien berger Gygès profitait seul de l'invisibilité ; tous les autres restaient exposés les uns aux autres. Voici un homme sans corps – virtuel ? – au beau milieu des corps, un homme donc qui ne craint pas la mort de la part de mortels corporels. Unique. *Omnes in unum*, encore. Or, aujourd'hui, que je sache, des milliards de Petites Poucettes bénéficient, par le codage, du même secret, de la même cache, de la triche, de l'invisibilité, du voile de la Toile. Dès lors, la vieille fable ne vaut plus, puisque la question se pose, non plus pour un invisible parmi des visibles, pour un bandit devenu roi, non plus pour un roi bandit de sujets contrôlables, mais pour une collection d'invisibles en grand nombre; cela pourrait se nommer la communauté des malandrins possibles ou la Légion étrangère, exclusivement composée d'anonymes.

Gygès tient en main sa bague, Petite Poucette son portable. Le chaton mythique rendait invisible, le cellulaire assure l'anonymat. En tuant, volant, violant, le berger devint roi. Platon parle-t-il de morale ou de stratégies pour gagner le pouvoir? Anonyme, Petite Poucette pourrait agir de même, au moins virtuellement; et trois milliards de ses semblables pourraient en faire autant. Aucun, pourtant, ne deviendrait roi. Tous invisibles, tous anonymes, tous pirates, tous rois..., plus de rois.

De la morale au droit: une autre forêt

Virtuelle, la Toile devient donc un lieu de non-droit, possiblement parcouru, comme les forêts d'autrefois, par mille gens de sac et de corde, éparpillés, connectés, conspirant, dispersés. Forêts où je retrouve, en amont de tous les bergers du monde, le Mowgli du *Livre de la jungle*, petit de chasseur-cueilleur, qui vivait avec les loups, bêtes hautement civilisées, obéissant au roi Akela et soumis aux lois de la jungle, à l'ombre du Rocher du Conseil. Comme le droit et la politique sont déjà là, il faut chercher encore en amont pour trouver l'origine de ces lois. Chez Tite-Live, par exemple, où les prédécesseurs de Mowgli se nomment Romulus et Rémus, bébés jumeaux tétant les mamelles de la louve. Eux vivaient vraiment la vie sauvage, en un lieu de non-droit, témoin le nom de leur mère: Rhéa Sylvia, fille de la forêt ou des sauvageries. Le premier assassina l'autre, comme Caïn tua son frère Abel dans un autre récit d'origine, et Rome dut attendre un successeur, Numa, pour que le droit romain apparaisse : ce roi de droit descend donc d'une lignée sans foi ni loi.

De même, en la forêt de Sherwood, saturée de malandrins, parut un beau jour un certain Robin Hood, au nom révélateur parce que oxymore : Hood, ou Wood, indique ce bois comme lieu de non-droit, mais Robin désigne celui qui est vêtu de la robe du magistrat, qui connaît, qui dit la loi. Robin Hood : loi du bois, homme de droit dans un lieu de non-droit. Coiffés d'un chapeau vert, les sans foi ni loi obéissent désormais à ce chef estimé, représentant de la règle. De nouveau, hélas, comme dans le cas de Mowgli ou de Romulus, *Omnes in unum*? Pas tout à fait, car Robin Hood, loin de nommer un personnage, fait voir un chiffre, un code, un grimoire à décrypter : Robin naît de Wood ; la toge naît du bois ; le droit vient d'émerger dans un lieu de non-droit. Littéraires, pseudo-historiques, mythiques, toutes ces histoires racontent, en fait, que le droit paraît à partir du non-droit, ce que je voulais démontrer. Ainsi la morale naît de l'immoralité.

Elle ne découle pas, dès l'origine, d'un principe souverain, mais du caractère insupportable des mœurs dans ces lieux, forêts où rôde le tigre Shere Khan, où Sylvia la vestale, enceinte et condamnée à mort, s'enfuit, forêt de Sherwood…, espaces si traversés de violences que police ou maréchaussée craignent d'y pénétrer. Rousseau, mais surtout Hobbes, plus noir, racontent en concepts la même histoire lorsqu'ils cherchent, sans la trouver, l'origine du contrat social ; et à supposer même que ce pacte intervienne, il suscitera, de nouveau, des guerres de tels groupes contre d'autres ainsi juridiquement formés.

Pis, comment importer en ces lieux de violence des règles faites ailleurs ? Ni le droit ni la morale propres à ce qui n'est pas la Toile ne s'imposeront jamais sur ses réseaux, mais ils émergeront de cette mer sauvage, de cette forêt de non-droit, où l'on code, où l'on peut cacher, se faire invisible, où l'on peut tricher sans trop se faire prendre, sans être perdu de réputation, de cet océan d'individus. Vive les pirates ; quelque bandeau qu'ils portent sur l'œil, ils finissent par se donner un code d'honneur.

Quel étonnant retour à nos origines ! Nouvelle politique, droit nouveau, nouvelle morale : voilà de beaux chantiers que l'on ne croyait plus voir ni devoir rouvrir. Matière nouvelle à penser.

Ceci DISSOUDRA CELA

La fluidité

Origines, donc : avant qu'advienne l'âge doux, dominait le dur. L'ancien monde était construit de murs. *Murs, villes et ports, asiles de mort...* Ces murailles concentrées contenaient cent concentrations : de femmes et d'hommes, fermes ou villes ; de grains, silos et greniers ; de vins, caves et celliers ; de malades, cliniques et hôpitaux ; de voyageurs, hôtels et caravansérails ; d'argent, tirelires, banques, trésors, capitaux ; d'eau, barrages et carafes ; d'étudiants, de professeurs, écoles maternelles et universités ; de condamnés, prisons ; de livres, librairies, bibliothèques ; d'électricité, piles et les bien nommés accumulateurs... J'arrête cette liste, nous ne connaissons que ces boîtes. Nous n'avons jamais cessé de cristalliser les flux, de transformer une foule éparse en dix institutions ; nous n'avons jamais cessé de capitaliser, de transformer la cueillette en champ de blé, la chasse en basse-cour, écurie et grange, la rivière en biefs et barrages, le ciment et le sable en murailles, en classes rangées les jeux d'enfants, l'amour en mariage, la foule enfin, qui ne demandait rien, en villes, armées, tribunaux, prisons et royaumes.

Petite Poucette invite à midi ses amis à se réunir ce soir. Quelques heures plus tard se dissout la réunion. Multiplicité labile, elle a flué comme l'eau d'une rivière. Notre société va ressembler à un tourbillon de flux : envoyés, passagers dans les gares et les aéroports, informations, données subtiles, monnaie volatile... La coagulation, l'institution de ces fluences, nous les considérons aujourd'hui comme des pathologies. Jadis et naguère, nous vivions concentrés ; nous existons distribués désormais, comme flux parmi des flux, alors que nous vivions encaqués dans des boîtes de signes, d'hommes ou de choses. Il n'y a plus de boîte, il n'y a plus de caque, il n'y a plus de mur. Un maire ou un ministre inauguraient des bâtiments ; il n'y a plus de bâtiment, il n'y aura plus maire ni ministre.

Oiseaux volent

Au XVIIIe siècle, l'Académie de Dijon, qui célébra Rousseau et qu'en retour Rousseau rendit célèbre, mit au concours un problème scientifique difficile : comment les oiseaux volent-ils ? Les meilleures têtes d'Europe envoyèrent vingt solutions, géniales souvent. Or lorsque leurs mémoires raisonnaient juste, ils concluaient que les oiseaux tombaient ; ceux qui, au contraire, justifiaient leur vol avec rigueur et précision tiraient leur conclusion de calculs erronés. Cette année-là, le prix ne put être attribué. Un mécanicien des solides ne pouvait, en effet, à cette époque, imaginer la science des fluides nécessaire à cette explication, ni décrire la fonction des turbulences sous les ailes volatiles.

Formés, comme eux, à la dureté, nous trouvons aujourd'hui aussi difficile, parmi la fluidité sociale, d'imaginer des institutions, une organisation sociale adaptées à l'âge doux. Je rêve d'une politique et d'une philosophie de l'histoire qui seraient aux anciennes ce que la mécanique des fluides est à celle des solides.

Vieil éloge des solides

Volantes, les paroles ne soufflent que du vent ; à l'opposite, le dur, statique, sans quoi tout s'écroulerait, fournit d'excellentes fondations ; de mêmes idées reçues rejettent, dégoûtées, le confus, le diffus, les mélanges et la brume. Or le dur, le béton, la fonte et l'acier, bref, les âges de pierre, de bronze ou de fer, passé l'ère d'or, ont assez pesé sur nos têtes pour que nous nous sentions libérés par l'arrivée du doux, enfin léger, liquide, volatil. Les âges durs creusèrent, blessèrent, dévastèrent la Terre, comme des conquérants, associant leur triomphe et le progrès, courant sur le ventre des victimes en chantant le refrain sur le réel, le concret, le factuel, le présentiel, si bons, si beaux, par rapport au virtuel. Alors que le doux conditionne toute invention. Au moins ne blesse-t-il pas la Terre pacifique ; au moins ne ravage-t-il pas les eaux des fleuves et des mers ni les turbulences de l'air ; au moins le virtuel ne pollue-t-il pas. On ne découpe pas le possible, comme on le fait d'un terrain, pour se l'approprier.

L'alliance ici annoncée des sciences de la vie et de la Terre avec le numérique nous détourne enfin de la guerre mondiale, au sens du conflit contre le monde. Voilà l'un des bénéfices de ce livre dont la pensée part du monde pour finir au doux. Et quel acquis meilleur pour la pensée que cette paix ?

Ceci dissoudra cela

Résultats globaux à l'ouverture de cet âge. Agonisent les énormes dinosaures, grands magasins, hangars ou caves pour le stockage, universités, bibliothèques, villes et mégalopoles, usines et dépôts, banques et capitaux, hôpitaux et tribunaux ; meurent les gros animaux, pierres et travaux assemblés, richesses amassées, assemblées humaines à haute densité. Répandu, le doux dissout le densifié, le concentré. La distribution dissémine les institutions, désintègre les capitalisations, court-circuite les intermédiaires. Le doux dissoudra le dur. Ceci mourra de cela. Les grosses sommes se dispersent dans et par les énumérations profuses du numérique. Ceci tuera cela.

Agonise l'ère où, dense et dure, la concentration faisait le pouvoir, le savoir, la fortune, l'État, la société, la cité, la vie, collective ou individuelle…, même la méditation intérieure et privée, l'attention focalisée. Libérée de sa gangue de cristallisation conceptuelle, explosive et vive, j'allais dire évaporée, la synthèse – décidément, je préfère le terme de syrrhèse, qui désigne un confluent de flux, oui, une confusion, à l'ancien terme de synthèse, toute posée, invariante et fixe –, la syrrhèse, donc, de pensée parcourt vite mille disparates dispersés, pour en brosser un paysage évolutif, pour faire exister un personnage vivant et mobile, pour amalgamer la foule en la laissant liquide et libre. Qu'il s'agisse d'organisations économiques, urbaines et sociopolitiques, ou des idées elles-mêmes, le doux, aérien, virtuel, agile, foudroyant et zigzaguant comme l'éclair, jaillissant dans l'espace global, traverse les densités anciennes, en allège les compacités, en brise les formats, en mobilise la lourdeur... pour créer d'imprévisibles nouveautés, en particulier l'espace habitable lui-même, globalement transformé. Le doux fera un autre public, un nouveau privé, la vie et la ville neuves et, espérons-le, autre chose que l'ancien savoir, le pouvoir cruel et la morne fortune.

Ceci tuera cela, le doux soufflera le dur : rigoureux, rigide, cohérent et formaté, voilà des images de solidité dont la densité cristalline servait à célébrer l'équilibre et la durée, la précision de pensée, l'exactitude expérimentale et des mises en place stables et pérennes. Fluide et aérien tout autant que virtuel, épousant le temps réel, le doux permet, à l'opposite, des syrrhèses évolutives, des scénarios mouvants, un suivi du processuel, dix décisions adaptées, immédiates et proportionnées, que dis-je ?, à la lettre des solutions, puisque ceci dissoudra cela.

Inquiétude : la paix dissoudra-t-elle la guerre ? Fragile, la vie inondera-t-elle la mort ?

Nous jouissions de terres habitables, définies par des frontières tracées sur le sol ; nous apprenons désormais à vivre parmi les plaques brûlantes qui soutiennent plaines et montagnes et les font évoluer, à penser comme les fleuves et les turbulences, les océans, les courants marins et, de l'atmosphère, les orages et la bonace, les nuages et les vents. Le savoir se découpait ou se classait comme des continents, alors qu'il se mélange et fluctue comme les mers inclassables dont les molécules font en continu le tour du monde ; chaque goutte vient de toutes les eaux et y va ; chaque pensée jaillit de partout et y revient. Nous changeons de maison, nous volons ou naviguons.

L'âge doux équivaut à des ères d'air et d'eaux. Nous habiterons la cathédrale : nef et tente.

Envoi

Projet d'une philosophie de l'histoire

Ce livre débuta au big bang et s'achève en tentant d'inventer demain. Attentif à décrire la joie de penser, il suivit, de plus, le flux du temps. Bifurqua-t-il, boita-t-il ? Certes.

Je dois donc reprendre. Je viens de célébrer la connaissance, de l'information à l'invention. Pour en compléter l'essai, suivant l'ère qui s'achève et celle qui commence, je promets de proposer une philosophie de l'histoire.

TABLE DES MATIÈRES